AF551080

Ulrich Wittkowski

So plachanderten wir in Königsberg und Ostpreußen

Husum

Umschlagbild: Werner Riemann, „Am Gartentisch in Lewitten“, 1926.
Aus: „Ein Sommer an der Ostsee. Der Maler Werner Riemann“,
Husum Druck- und Verlagsgesellschaft.

Bibliografische Information der Deutschen Nationalbibliothek

Die Deutsche Nationalbibliothek verzeichnet diese Publikation in der Deutschen Nationalbibliografie; detaillierte bibliografische Daten sind im Internet über http://dnb.dnb.de abrufbar.

3. Auflage 2018

Gesamtherstellung: Husum Druck- und Verlagsgesellschaft
Postfach 1480, D-25804 Husum – www.verlagsgruppe.de
ISBN 978-3-89876-427-8

Vorwort

„Erbarmung – lauter ostpreußische Dönekes" lautete im Mai 2007 die Überschrift meines Artikels, in dem ich den Lesern der „Gießener Allgemeinen Zeitung" von einer ganz besonderen Geschichte berichtete.

Ich stellte ihnen Ulrich Wittkowski vor, einen gebürtigen Ostpreußen, der nicht nur Redensarten und Anekdoten aus seiner Heimat gesammelt, sondern diese auch in einem Tonstudio des Forschungsinstituts für deutsche Sprache an der Universität Marburg aufgenommen hatte. War die Lektüre des Büchleins „So plachanderten wir in Königsberg und Ostpreußen" schon interessant, so war das Hören der CD erst recht amüsant. Herrlich, der ostpreußischen Klangfarbe und den Geschichten mit ihrem ganz eigenen, unverwechselbaren Humor zu lauschen.

Mit Vergnügen berichtete ich der Leserschaft von der Wittkowski'schen Arbeit. Ich war mir sicher, dass der Artikel mit großem Interesse gelesen werden würde. Ich ahnte allerdings nicht, was ich anrichten würde: Nach der Veröffentlichung standen die Telefone nicht mehr still, weil viele Leser das Buch und die beiden CDs, die eigentlich nur für den familiären Kreis bestimmt waren, bestellen wollten. Und da Ulrich Wittkowski die Interessenten auf keinen Fall enttäuschen wollte, entschloss er sich dazu, aus dem privaten Projekt ein professionelles zu machen: Das gelungene Resultat halten Sie nun in den Händen.

Die vom Autor zusammengetragenen „Dönekes" haben aber auch eine ernste Botschaft: Sie sind eine Liebeserklärung und eine Erinnerung an Ostpreußen, aber es gibt keine Verbitterung und keinen Revanchismus. Ich bin sicher, dass nicht nur Leser mit familiären Wurzeln im Osten es als Bereicherung empfinden, wenn sie sich offen und neugierig darauf einlassen. Ich wünsche dem Buch viele Leser und den CDs viele Hörer!

Christine Steines

1. Ostpreußischer Humor

und ein paar Vertellkens

Über den ostpreußischen Humor ist schon viel Kluges und auch wenig Passendes berichtet worden. Ich will mich an diesen akademischen Betrachtungen hier nicht beteiligen. Anhand einiger typischer Vertellkens wird aber nach diesem Kapitel sicherlich klar werden, was ich meine. Die breite, singende Sprache trägt dazu bei, dass diese besondere, nie verletzende, aber derbe Fröhlichkeit zu erkennen ist.

Die folgenden kleinen Geschichten sagen mehr über die ostpreußische Mentalität aus als viele lange Abhandlungen.

Kardel, was der Karl is, sitzt bei der Urt, was die Ute is, am Sterbebett. Mit schwacher Stimme fragt sie ihn voller Fürsorge: „Kardel, was wirst all machen, wenn ich nich mehr da bin?“ Seine ebenso fürsorgliche wie zärtliche Antwort: „Weißt was, Urt, sterb man erst in aller Ruh, alles Weitere wird sich dann schon finden.“

„Na, Kaludrichkeit, ich hab jeheert, du hast jeheiratet? Hast denn 'ne nette junge Frau?“
„Ach nei, nett und jung isse nich.“
„Amend isse wohl hibsch?“
„I woh, hibsch isse auch nich.“
„Denn hat se wohl was auf de Hacken?“
„Nei, reich isse auch nich.“
„Na Erbarmung, warum hast ihr denn geheiratet?“
„Ach, bloß so ...“

Zum Thema Ostpreußen und Feiern folgende kleine Begebenheit.

Mehrere kleine Dörfer waren zu einem Kirchspiel zusammengefasst und hatten demzufolge auch nur einen Friedhof. Der Küster hat mit der trauernden Gemeinde eine Leiche zu überführen. Es regnet Bindfäden, die Wege sind grundlos. Vornweg der Küster auf'm Pferd. In der linken Hand einen riesigen Schirm, rechts das Gesangbuch. Die widrigen Verhältnisse halten ihn nicht davon ab, inbrünstig zu singen: „Befiehl dem Herrn deine Wege." Die Gemeinde mit dem Sarg zu Fuß hinterher. Nach einer gewissen Zeit dreht sich der Küster um. Von seiner Gemeinde nuscht mehr zu sehen. Nun, er kennt seine Pappenheimer. Er reitet den Weg zurück bis zu der Weggabelung, wo es zur Kneipe abgeht. Er hat richtig vermutet. Die Kneipe ist gerammelt voll und seine Schäfchen sind kräftig am Scherbeln. Entsetzt fragt er: „Menschenskinners, was habt ihr nur mit der Leich jemacht?" Die beruhigende Antwort: „Herr Küster, nu regen Se sich man nich auf, die haben wir so lange hochkant jestellt!"

Das fordert heraus, von einem gesellschaftlichen Großereignis aus Insterburg zu berichten.

Der Bullenball in Insterburg war nicht nur einer der bedeutendsten Viehmärkte, sondern auch die Gelegenheit für die Großgrundbesitzer aus nah und fern, sich zu treffen, um über Viehzucht und Ackerbau zu diskutieren. Es gab aber auch noch andere Gesprächsthemen. Diese einmalige Gelegenheit wurde genutzt, um die heiratsfähigen Töchter in der Gesellschaft einzuführen. Der Wiener Opernball Ostpreußens sozusagen. Vatchen führt vier heiratsfähige Töchter beim Bullenball ein. Erbarmung! Kein Sohn für sein stattliches Anwesen, sodass diese Brautschau existenzielle Bedeutung für den Gutsbesitzer hat. Er zieht sich alsbald an den Stammtisch mit sei-

nen Freunden zurück und ermuntert seine Töchter, sich unter das junge Volk zu mischen und zu scherbeln. Bald erscheint die Erste und stört mitten in einer heißen Diskussion: „Vatchen, ich brauch 'nen Dittchen, ich muss auf'm Klo." Es dauert selbstverständlich nicht lange, bis die Zweite, die Dritte und auch die Vierte kommen. Im Kreise seiner debattierenden Freunde wird Vatchen immer ungehaltener. Als nach geraumer Zeit die Erste erneut um einen Dittchen bittet, wird es ihm zu bunt. Er greift in die Fupp, knallt 'nen Taler auf den Tisch und sagt: „So, der wird jetzt noch verpischt und dann jeht's aber nach Haus."

Über die Trinkfestigkeit der Ostpreußen gibt es viele handfeste Geschichten. Hier zur Freude noch eine kleine Sammlung:

Zwei stramme ostpreußische Zecher haben mehr als genug. In einem lichten Augenblick steht einer auf und will gehen, darauf der andere ganz entrüstet: „Was, nach so viel, mit eins jar nuscht?"

Kardels beste Gelegenheit zum Bechern waren die Übungsstunden des Gesangsvereins. In vielen Fällen wurde daraus der bei den Ehefrauen so gefürchtete „Kehlwaschtag". Es ist wieder so weit. Kardel bemüht sich möglichst geräuschlos und unauffällig das gemeinsame Lager zu erreichen. Das gelingt. Aber kurz darauf hört er im Stall die Ziege meckern. Vorsichtiges Anmahnen: „Urt, hörst, die Ziech will saufen." Keine Reaktion. Beim nächsten Meckern stippst er sie vorsichtig an: „Urt, hörst nich, die Ziech will saufen." Wieder keine Reaktion. Erneut hört er ein „durstiges" Meckern. Nun rammt er ihr den Ellenbogen rücksichtslos in die Seite: „Erbarmung, Urt! Hörst denn nich, die Ziech will saufen." Jetzt dreht sie sich um: „Na, denn nimm se mit in den Jesangsverein, da lernt se 's Saufen."

Am Stammtisch in der Stadt erzählt Kadereit seinen Freunden folgende Geschichte. „Da is mir doch neulich, als ich gegen Morjen nach Hause kam, ein kleines Malörchen passiert. Um meine Berta nicht zu stören, zog ich mir in der Diele im Dunklen die Schuhe, das Jäcket und de Bixen aus und ging jans leise de Stufen nach oben." „Na und denn?", wollen seine Freunde wissen. „Na denn", sagt Kadereit mit breitem Grinsen, „da stand ich aufm Bahnsteig vom Hauptbahnhof."

Die Sensibilität meiner Landsleute ist sprichwörtlich, hier ein schönes Beispiel.

Zwei Frauen beobachten auf der anderen Straßenseite ein mongoloides Kind beim Spielen. Fragt die eine: „Wem's Jung is das da drüben, der mittem Wasserkop?" Die Gefragte antwortet leicht pikiert: „Min Jung." Um diese Entgleisung wieder gut zu machen, folgen prompt die lobenden Worte: „... steht ihm aber jut."

Am häuslichen Herd war für gewöhnlich die Bäuerin eine Respektsperson. Sie hatte das Sagen und keiner wagte, ihre Autorität infrage zu stellen.

Vater und Sohn sind nach der schweren Feldarbeit in die Kneipe zu einem Umtrunk gegangen. Der Sohn ist auch nicht mehr der Jüngste, aber mit seinen etwa fünfzig Jahren ein Bär von Statur. Ein schwarzer Vollbart umrahmt sein gutmütiges Gesicht. Beide sitzen sich schon eine Weile bei diversen „Pillkallern" gegenüber und der Alte findet offenbar an seinem Gegenüber Gefallen. Nach einem geleerten Glas spricht er ihn mit sichtbarem Wohlgefallen an: „Herrmannchen, wenn ich dich so anseh, mein ich all, dass du nich mehr Vatchen zu mir sagen kannst." „Hm, meinst?" „Ja." Wieder eine Pause, sie trinken wortlos weiter, dann steht der Alte mit einem

Ruck auf, hebt sein Glas und sagt: „Ich heiße August." Der wohlgeratene Sohn nimmt ebenfalls Haltung an und erwidert ungerührt: „Ich heiße Herrmann." „Ich weiß doch", brummt der Vater und dann, hinter der vorgehaltenen Hand: „Aber wenn das Muttchen dabei is, kannst ruhig weiter zu mir Vatchen sagen. Amend versteht se kein' Spaß."

So freizügig man beim Feiern war, so genau konnte es mit dem Geld genommen werden. Hier zwei wundervolle Beispiele.

Zwei gute Freunde treffen sich am Abend. „Ei, kannst mir nich fünf Mark pumpen?" „Ich hab grad nuscht bei mir." „Ei und zu Haus?" „Dankschön, alles jesund."

Spät in der Nacht klopft Franz an das Fenster seines Freundes: „Richard, schläfst all?" „Nei." „Duche, ich brauch nötig zwanzig Mark." Richard: „Ich schlaf doch all."

Ganz besonders erfreulich waren die Geschichten, wenn einfache Leute vom Dorf in die Stadt zum Doktor mussten. Hier die Geschichte vom Pogoda.

Pogoda muss in die Stadt zum Doktor. Er hat sich gründlich den Magen verdorben. Weil er sich aber fürchtet, nimmt er seinen Nachbarn Fritz mit, der ihn bis ins Wartezimmer begleitet. Als er nach der Untersuchung wieder zurückkommt, entwickelt sich folgendes Gespräch: „Na August, was hat der Doktor jesagt?" „Fünfzehn Mark." „Menschenskinners, ich mein was du nu hast?" „Zehn Mark." „Verdammich, ich will wissen, was dir fehlt?" „Na, fünf Mark."

Ein einfacher Instmann lässt sich in der Stadt seine Augen untersuchen. Am Abend in der Kneipe soll er nun sei-

nen Freunden berichten, was der Doktor gesagt hat. „Ich hab was anne Iris." „Was is das denn?" „Weiß ich, ... ich weiß ja noch nich mal was ‚mir is', wie soll ich denn wissen ‚was ihr is'?"

Das Lehnchen kommt vom Arzt, ihr besorgter Ehemann fragt: „Na, was hast?" Sie: „Nu, Bandscheibchenschadchen!"

Das Schlimmste, was unseren Landsleuten begegnen konnte, war Überheblichkeit und Protzerei, beides wurde schonungslos angeprangert. So kann sich durchaus folgende Geschichte zugetragen haben.

In einem einfacheren Mietshaus in Königsberg treffen sich im Treppenhaus Frau Puschke und Frau Plenzat. Nachdem das Wetter durchdiskutiert und weitere Neuheiten ausgetauscht sind, fragt Frau Puschke: „Sajen Se mal, Frau Plenzat, wo ist eijentlich de Familie Meier? Ich hab lang nuscht von den jesehen." Die Plenzatin, die gewöhnlich gut informiert ist, was im Haus passiert, weiß auch hier Bescheid: „Na, wissen Se denn nich? Die Meiers sind auf Badereise, die sind in Schwarzort." „Was, diese Pischer anne See? Vor drei, vier Jahren pumpten se sich von mir noch den Wassereimer."

Die gute Beobachtungsgabe und die treffende Beschreibung einer Situation werden in den folgenden Begebenheiten geschildert.

Ein Oberförster, bekennender Junggeselle, wird in seinem prächtigen Anwesen schon seit Jahren von seiner ebenfalls unverheirateten Schwester trefflich versorgt. Als sie verstirbt, bleibt nichts anderes übrig, es muss eine Frau her. Es gelingt, für ihn eine passende und resolute Frau zu finden. Das ganze Dorf und die nähere Umge-

bung sind bei der Hochzeit in der Kirche versammelt. Als das Brautpaar die Kirche betritt, hört man aus der letzten Reihe eine Stimme: „Mein Jottche, jetzt bringe se ihm."

An der Samlandküste waren für die Feriengäste die herrlichen Sonnenuntergänge ein besonderes Ereignis. Die Kinder konnten sich nicht immer daran erfreuen, bedeutete das doch in vielen Fällen, dass aufs Abendessen gewartet werden musste. Die Badegäste hatten auch heute wieder, bis die Sonne im Meer versank, das unvergleichliche Schauspiel verfolgt. Die Kinder mussten, trotz großen Hungers, mit ausharren. Fritzchen dreht sich nun entschlossen für den Rückweg um und steht plötzlich dem Vollmond am abendlichen Himmel gegenüber. Sein erschrockener Ausruf: „Erbarmung, da is se schon wieder."

Auf der Reise nach Osten fragt ein Berliner einen Landwirt, der offensichtlich aus Ostpreußen stammt: „Guter Mann, was muss man als gebildeter Mann eigentlich über Ostpreußen wissen?" „Wenn Se nach Ostpreußen kommen, müssen Se unbedingt was vom Bullen ‚Winter' wissen. Eventuell auch was vom Kant. Wenn Se aber außer den ‚Winter' auch noch de Bullen ‚Anton' und ‚Prinz' kennen, dann können Se dem Kant ruhig weglassen."

In einem Vorort von Königsberg droht ein Schrebergartenfest für Kinder zu einem Fiasko zu werden. Der Vorstand hat die Lampions vergessen zu bestellen und die Kinder werden schon ganz kribbelig. Er entschließt sich zu einem Telefonat mit einem in der Nähe ansässigen Kaufmann:

„Haben Sie Lampjongs?" „Was?"

„Lampjongs, haben Se die?" „Versteh nich."

„Mänsch, Fackeln – haben Se die?" „Versteh nich. Buchstabieren Se mal!"

„Na denn los: F wie Pferd,
A wie Angtree,
K wie Quelle,
E wie Ölfarb,
L wie Lektrische.“

Die Sendung kam wie gewünscht, und das Gartenfest für die Kinder konnte wie beabsichtigt mit einem Fackelzug beendet werden.

Zum Abschluss noch ein Nuschtchen von der Adomeitschen Oma.

Sie geht wie üblich am Sonntagmorgen in de Kirch und trifft auf dem Weg ihre Freundin Poweleit: „Na, Adomeit'sche, wo willst all hin?“ „Ach, Poweleit'sche, frag nich so dusslig. Wie jeden Sonntag inne Kirch.“ „Aber doch nich mit'e Speckschwart unterm Arm.“ Die ganz entsetzte Oma Adomeit: „Erbarmung! Da hab ich doch jlatt das Gesangbuch inne Erbsensuppe reinjeschmissen.“

Diese kleine Auswahl kann die unerschöpfliche Vielzahl der ostpreußischen Vertellkens nur unzureichend wiedergeben und Appetit wecken, um sich bei Interesse einschlägige Literatur zu besorgen. Aber diese wenigen Beispiele zeigen doch sicher, dass man sich in diese Art von Humor verlieben kann, auch wenn die eigene Wiege nicht in Ostpreußen gestanden hat. Beschließen möchte ich dies Kapitel mit zwei Gedichten von Dr. Lau, dessen Sammlung „Schabbelbohnen“ mich dazu gebracht hat, meinen Landsleuten auf die *„Jibbel“* zu schauen. Bei seinen köstlichen Mundartgedichten aus den „Schabbelbohnen“ stand ich vor der Qual der Wahl. Welche soll ich auswählen, welche soll ich weglassen? Es gibt so wundervolle kleine *Nuschtchens*, aber vielleicht ist dieses Gedicht passend, wenn ein Rentner seine Familiengeschichte aufschreibt.

De Brill

De Oma kraaselt unters Bett
mang Schlorren und Gemill
und wo se sonst noch kraaseln kann:
de Oma sucht de Brill!

Se is nich hintre Fensterlad,
nich inne Flickerzich,
auch hinten inne Bibel drin,
da liegt se diesmal nich.

Nich inne Fupp, nich inne Röhr,
nich aufem Blumentopp,
nu weiß se bald kein Stellchen nich
und kratzt sich aufem Kopp.

Se simmeliert: „Im Futteral
steckd ich ihr auch nich rein,
wie morgens kam de Zeitung an,
wo meeg die Krät bloß sein?

Sie hat doch keine Klischen nich,
dass se wo rennen kann,
das is all heit das zwölfte Mal,
was fängt e Mensch bloß an?

Wenn ich ihr bloß zergrabbeln könnd,
denn soll se kommen mir,
ich bind ihr anne Hundsbud an
und lernt foorts bellen ihr.

Denn is zu End de Sucherei,
vorbei das Rumgeklau,
wenn ich ihr denn bloß rufen tu,
denn macht se foorts ‚wau-wau'!"

*De Oma sucht, de Oma schimpft,
se is all rein verrickt,
der Kardelche, ihr Enkelsohn,
der Gnubbel steht und kickt.*

*Mit eins grient er de Oma an,
bis so lang war er still:
„Wenn du ihr so nich finden kannst,
denn such doch mitte Brill!“*

*Rietz, hat er all e Mutzkopp weg,
de Oma kennt kein Spaß!
Da plinst er los: „De Brill – de Brill,
die huckt – auf deine Nas!“*

Und zu guter Letzt vom gleichen Mundartdichter eine Begebenheit, die uns die liebevollen zwischenmenschlichen Eigenheiten unserer Landsleute näher bringt.

Das Flohche

*Se huckden friedlich aufe Bank,
der Mond kickd durche Wolken,
er hädd dem Kuhstall ausgemist,
und sie de Kuh gemolken.
Nu hädd er beide Arme fest
um ihren Hals geringelt,
dass se man knapp noch pusten konnd,
so hielt er se umzingelt.
Se konnd nich weg, se konnd nich auf,
se konnd nich runterrutschen,
drum hielt se still, was solld se tun,
und ließ sich von ihm butschen.
Er butschte gut, drum wurd ihr heiß,
ihr Blut fing an zu kullern,
und inne Brust das kleine Herz
tat gegne Rippen bullern.*

Mit eins, da sagd se: „Heer mal auf,
mit scheint, mir beißt e Floche."
„Nanu", sagt er, „an welche Stell?
Emmend wo am Popoche?"
„I wo, hier vorne inne Blus,
da scheint der Krät zu hucken."
„Dem greif ich dir, ich will mir bloß
schnell aufe Finger spucken."
E Floh auf ihre Firsichhaut,
das konnd er nich verknusen,
drum grappschd er längs em Medalljong
tief rein in ihren Busen.
Er suchd und wiehld e ganze Weil,
denn se war gut gewachsen,
nu hädd er ihm und wolld dem Krät
foorts aufe Stell zerknacksen.
Da sagt se: „Halt, gib ihm mal her",
schob ihm zurick im Mieder,
und lächeld sieß und unschuldsvoll:
„Vleicht brauch ich ihm mal wieder!"

2. Ostpreußische Redensarten

vornehmlich aus meinem Zuhause,
der Gerhardstraße 2 in Königsberg

Eine solche Sammlung kann nicht vollständig sein ohne typisch ostpreußische Redensarten. Sie gehörten zum Alltag und das ostpreußische Wesen und die persönlichen Empfindungen konnten nicht besser zum Ausdruck gebracht werden als in diesen Redewendungen. Stärker noch als bei den mundartlichen Wörtern sind gebietsbedingte und familiäre Eigenheiten ausschlaggebend. Ich bin mir auch sicher, wenn ich aus der Erinnerung Redewendungen unserer Familie festhalte, dass es sich bei der einen und anderen um Sprüche handelt, die nur in unserer Familie oder deren Umfeld gebräuchlich waren.

E Hemd, e Bix, e Medaljong und vor'em Bauch e Fahn'che.
Für ein „flaches" weibliches Wesen ohne Figur.

Vatchen wird dir mit de Hand über'm Alexanderplatz fahren.
Die Ankündigung einer Tracht Prügel auf den nackten Hintern.

Nimm deine Plachaudel und verschwind auf de Lucht (Dachboden).
Verschwinde, ich möchte dich (vorerst) nicht sehen.

Da kanns'te warten bis Plumepingste (Pflaumenpfingsten).
Warten auf etwas, was nie kommt.

E biss'che drugglig muss schon sein, sonst reißt dir nur e' Splitter ein.
Die angesprochene Person sollte etwas an Gewicht zunehmen, damit man sich nicht verletzt.

Diese Supp hat den Geschmack der Seligen.
Sie ist angebrannt.

Das Denken musst den Pferden überlassen, die haben 'nen jrößeren Kopp als du.
Deine Denkweise lässt zu wünschen übrig.

Was nich em Kopp hast, hast inne Beene.
Vergesslichkeit wird bestraft.

Pack schlägt sich, Pack verträgt sich.
Gesindel prügelt sich wie die Kesselflicker, verträgt sich aber sofort wieder.
Es lohnt sich nicht, schlichtend einzugreifen. Man kann nur verlieren.

Alt und jrau darfst werden, nur nich frech.
Jemand wird zurechtgewiesen, nicht vorlaut zu sein.

Der Mensch darf noch so dammlich sein, er muss sich nur zu helfen wissen.
Für alles gibt es Lösungen.

Ich bin doch nicht dein Paslack!
Beliebte Redewendung unserer Mutter, wenn sie sich ausgenutzt, sich zur Dienerin degradiert fühlte.

Jibt dir der leebe Gott Jungens, dann jibt er dir auch Bixen (Hosen).
Kommt Zeit, kommt Rat.

Wat auß'em Schweinstrog jehauen wird, wird im Leben keine Vijelin (Violine).
Aus einem groben Klotz wird kein feinsinniger Mensch.

Bequem jesessen, langsam jegessen, man glaubt nicht, was man vertragen kann.

Muss nicht näher erläutert werden, gehört eigentlich zu den ostpreußischen Gerichten.

Wat kickst mit de Näs?

Beliebte Frage unserer Mutter, wenn man an einen Gegenstand zu nahe herantrat.

Oben hui, unten pfui.

Nur äußerlich gepflegt, man darf nicht hinter (unter) die Kulissen schauen.

Red'st mit deinem Bruder Innerlich?

Auch eine beliebte Frage unserer Mutter, wenn man undeutlich murmelte, oder mit sich selbst sprach.

Das Spielzeug hält bei dir nur von zwölf bis Mittag.

Eine Klage die oft zu hören war, wenn Spielzeug, Kleidung oder Schuhe zu schnell entzweigingen.

Na bitte, zwee Klaviere!

Erstaunter Ausruf unseres Vaters, wenn er etwas entdeckte, was nicht zu erwarten war. Geht auf eine Haffwanderung mit seinem Schwager zurück. Sie waren den ganzen Tag gewandert und träumten von einer Unterkunft, in der sie dann auch Musik machen konnten. Sie betraten ein Gasthaus und fanden zwei Klaviere vor. Na bitte, was kann man mehr verlangen!

Das kommt auf Lapans Dach. Das sieht aus wie auf Lapans Dach.

Beliebter Ausspruch unserer Mutter, wenn etwas verstaut werden musste oder wenn sie einen außerordentlich unaufgeräumten Zustand vorfand. Das Nachbargrundstück ihres Elternhauses in Bartenstein war ein großer Bauernhof, auf dem herrlich gespielt werden konnte. Der Dachboden wurde seit Urgedenken dazu benutzt, alles zu verstauen. Die Lucht war demzufolge ein einziges Chaos, aber auch ein beliebter Platz zum Spielen.

De Nase leift, de Fieße riechen.
Umschreibung für eine böse und feuchte Erkältung.

Herr Ober, die Noten, das Schwein will singen.
und
Hauptsache die Vorderzähne halten.
Beliebte Aussprüche unseres Vaters, um ungebührliches Rülpsen zu tadeln.

Wer das eine will, muss das andere können.
Beliebter Spruch in der Erziehung, der auf den Zusammenhang zwischen Vergnügen und Pflichten hinweist. Konnte beide Töchter, zu „unpassender“ Gelegenheit angewendet, zur Weißglut treiben.

Jetzt wird aber jeschlafen, dass ein Auge nicht das andere sieht.
Aufforderung, endlich einzuschlafen und Ruhe zu geben.

Alles kann der Mensch verlieren, Vatchen und Muttchen, selbst de Bixen, aber man bloß nicht die Ruhe.
Dieser schöne Spruch meiner Landsleute kann ohne weitere Erläuterung bleiben und bildet einen passenden Übergang zu den z. T. recht deftigen plattdeutschen Redensarten.

Wenn du nöch weetst, ob mir, ob mich – red plattdietsch, dann versprichst dich nich.
Wenn du nicht weißt, ob mir oder mich, rede Plattdeutsch, dann versprichst du dich nicht.

Ik bin besoape, dat verjeiht, aber du bist dammlich, dat blift.
Ich bin besoffen, das vergeht, aber du bist doof, das bleibt.

De Komst schmeckt erscht joot, wenn de Su durchgejagt is.
Der Kohl schmeckt erst gut, wenn die Sau durchgejagt wurde.

Wat de Burr nich kennt, dat freet he nich.
Was der Bauer nicht kennt, das isst er nicht.

Schnapske mott sön, Brootke, wenn sön kann.
Schnaps muss, Brot kann sein.

Öck drink Schnaps, dat duhnt beter.
Ich trinke Schnaps (statt Bier oder Wein), davon wird man besser betrunken (duhn).

Deist nuscht, daujst nuscht; deist wat, denn hebbes die alle Näslang biem Kräppschull.
Tust nichts, taugst nichts; tust was, dann haben sie dich alle Naselang beim Kragen.

Wat dem ehnen sin Uhl, is dem annern sin Nachtijall.
Was dem einen seine Eule, ist dem anderen seine Nachtigall.

Kömmst nich hiede, kommst doch morge, ävermorge ganz gewöss.
Kommst nicht heute, kommst doch morgen, übermorgen ganz gewiss.

Wer Glöck hefft, dem fohlt de Wallach.
Wer Glück hat, der bekommt auch vom Wallach ein Fohlen.

Der hefft von säwe Gäns Worscht to moake.
Der hat von sieben Gänsen Wurst zu machen (er macht viel unnötige Arbeit).

Der Diewel schött immer opp'm grettste Hupe.
Der Teufel macht immer auf den größten Haufen. Wo was ist, kommt immer noch etwas dazu.

Dat hübschte Mäke hefft e Droppke anne Näs.
Auch das hübscheste Mädchen hat ein Tröpfchen an der Nase.

Korte Beene moake dem Wegg lang.
Kurze Beine machen den Weg lang.

Häst Pech, bräkt die de Finger inne Näs aff.
Wenn du Pech hast, bricht dir der Finger in der Nase ab.

„Dat jefft seck aller no dem Lief", segt en Schnieder on neegt dem Ärmel en Fupploch.
„Das gibt sich alles nach dem Körper", sagt der Schneider und näht den Ärmel ins Taschenloch.

Wenn ömmer stöll best, kregst och noch enne Kerch Prägel.
Wenn du immer still bist, bekommst du noch in der Kirche Prügel.

„Wenn eck nich weer", seggt de Läpel, „kunn ju dem Klunkermos ute de Flasch fräte."
„Wenn ich nicht wäre", sagt der Löffel, „könntet ihr die Klunkersuppe aus der Flasche essen."

Du kannst mi moal dorche Noarsch kicke, ob mi de Hoot geroad steiht.
Du kannst mir mal durch den Hintern sehen, ob mir der Hut gerade sitzt.

3. Ostpreußische Gerichte

aus dem Umfeld unserer Familie

Der aufmerksame Leser dieser Sammlung ostpreußischer Mundart wird festgestellt haben, dass sich viele Ausdrücke ums Essen und Trinken drehen, und zwar um viel Essen und viel Trinken. Man kann sicherlich nicht behaupten, dass die ostpreußischen Gerichte und Rezepte internationalem, kulinarischem Standard entsprechen. Die klimatischen Verhältnisse mit heißen Sommern und langen, kalten Wintern brachten es mit sich, dass diesen Anforderungen entsprechend gekocht werden musste. Hinzu kam noch, dass die Menschen in erster Linie von der Landwirtschaft lebten, demzufolge musste auf den Feldern hart gearbeitet werden. Beim Studium des „Dönningschen Kochbuchs“ fällt auf, dass mit Unmengen Fett und Schmalz gekocht wird.

Bekannt war die Gastfreundschaft der Ostpreußen und die Vorliebe, Anlässe zum Feiern zu suchen und solche Gelegenheiten auch weidlich auszunutzen. Ein typischer Beleg dafür ist der Ausdruck *Kehlwaschtag.* Eine Feier war undenkbar ohne die Kehle kräftig „durchzuwaschen“.

Ein Ostpreuße	*ein Philosoph*
Zwei Ostpreußen	*zwei Rudel Patrioten*
Drei Ostpreußen	*mindestens ein Fest,* *möglicherweise drei,* *aber wenigstens eins von* *drei Tagen Dauer*

So viel zu der Gastfreundschaft unserer ostpreußischen Landsleute.

Im Nachfolgenden will ich kein weiteres landsmannschaftliches Kochbuch schreiben, mir geht es mehr darum, typische ostpreußische Gerichte meiner Familie namentlich festzuhalten, ganz kurz das Gericht zu erläutern und dem Leser die herrlichen Bezeichnungen näher zu bringen.

Einleitend dazu aber erst noch ein paar typische Bemerkungen. Um einer jungen Frau, die zudem noch Wert auf ihre Figur legte, die Hemmungen beim Essen zu nehmen, konnte Folgendes als Aufforderung zugerufen werden:

„Iss man, Kindchen, kriechst auch neues Kleid.“

Nach einer Einladung zu einer ausgiebigen Feier konnte es sein, dass sich zwei Gäste über eben diese Feier wie folgt ausließen:

„Essen und Trinken waren ja ganz gut, aber die Nötijung hätte besser sein können.“

Damit sind wir bei einer weiteren Besonderheit der ostpreußischen Gastfreundschaft. Der *„Nötijung“*, der Aufforderung, sich den Teller oder das Glas erneut zu füllen. Das konnte mit erheblichem Nachdruck geschehen und wurde auch mit der Frage verbunden, ob die Feier nicht gefallen oder das Essen nicht geschmeckt hätte. Unvergesslich werden mir in Hameln nach der Flucht Tante Annchens Kartoffelsuppe oder ihre Königsberger Klopse bleiben. Wir konnten nach wiederholter Nötigung den Tisch erst verlassen, wenn schon das Aufstehen wegen Überfütterung schwer fiel.

Das Essen ist noch heute im ehemaligen Ostpreußen ein beliebtes Thema, auch für Touristen. Ein Freund von mir war mit seiner Frau zu einer Rundreise in Masuren und brachte, von einer polnischen Reiseleiterin vorgetragen, folgende „zeitgemäße“ Betrachtungen über das Essen mit:

Kulinarische Betrachtung eines Ostpreußen

überarbeitet von U. W.

Das waren noch Zeiten frieher! Damals, als es noch nich de Cholesterinchens jab. Damals konnst noch essen, dass das Maulchen bloß so schäumte. Da konnst dir den Bauch vollschlagen und kein Cholesterinchen kimmert sich drum. Speck, Klunkersupp, Keilchen, Flinsen, Fleck: immer rein damit, tut ja nuscht. Das Essen machte richtig Spaß – aber heite? Erbarmung! Da kann dir ja richtig jraurich werden.

Zum Beispiel Klops'che! Keenigsberger- oder so e Bratklops'che, die seh'n doch scheen aus, so rund und saftig, nich zu zart und nich zu weich – hast deine Freid dran, bloß all beim Hinkucken.

Aber da haben se doch jetzt jesättichtes Fett reinjemacht. Jesättichtes! Schweinerei! Denn in dem jesättichten Fett haben sich nu de kleinen, niedlichen Cholesterinchens jemietlich jemacht. Hucken da und lauern wie de Aasgeier. Und wenn du nu die Kräten jejessen hast, dann lassen se sich ganz langsam treiben in deinem Blut, die Beine rauf, die Flochten runter – immer so heimlich still und leise –, bis das se so e ruhjes Eck'che in dir gefunden haben, das ihnen jefällt. Und da klammern sich de koddrigen Biester an deine Aderwände fest. Wegen nuscht und gar nuscht, bloß so fier die Selbstverwirklichung. Suchen vielleicht ihre eigene Identität, wie so viele fortschrittliche Menschen heite. Na und das Scheenste is, du märkst nuscht davon, kein Durchfall, keine Ibelkeit, rein jar nuscht.

Das is so wie mit de Bakteriens, das sind auch so kleine Dubbase. So klein, kannst se noch nich mal sehn. Haben kein Kopp nich, nich mal e Zagelche. Und diese krät'schen Äster huschen auch ieberall auf dir rum. Ieberall, bloß nich auf deine Backen, auch wenn se Bakterien heißen. Nei auf deine Hände,

Fieße, sogar auf deine Lippen, pfui Deiwel! Und wenn man z. B. e Butschche jiebt, dann springen so – na sajen wir mal – Millionchen von diese Dinger zu dir rieber und umjekehrt. Aber weit und breit is kein Bakterche zu sehen. Was se eijentlich dem janzen Tach ieber machen, weiß ich auch nich so richtich, se jucken nich und beißen nich … Na ja was ich noch sagen wollte:

De neumodschen Cholesterinchens sind auch klein und still und wenn du nu zu viele Klops'che und Spirkel'che isst, dann verwirklichen se sich immer mehr selbst, drängeln sich in großen Klumpen an deine Aderwände ran und dann mittemang – Prost Mahlzeit!
Krichst miteins Legastenie oder wie das heißt. Deshalb ess ich jetzt was anderes. Müsli heißt das Zeug. Sieht aus wie Schrot und Häcksel. Krichten frieher bei uns de Pferdchens. Müssen se wohl in Süddeutschland erfunden haben. Müsli – wenn du Plattdeutsch kennst, möchst denken, das sind kleine Mäuse. Sieht auch e bissche aus wie Mäusedreck. Aber in dieser Plurksch, die auch schon e bissche munklig riechen kann, is nu auch Fett drinn und außerdem haben se auch Vitamine reingemengt, die kannst aber auch nich sehn.

Ach ja, frieher, das warn noch Zeiten. Wenn da einer im Dorf Jeburtstag hat, wurd e Schwein jeschlachtet und drei Tage lang jefeiert, bis alle bedammelt und bedusselt waren. Es gab e richtigen Kehlwaschtag und auch de Nötijung war ausreichend. Und heit? Heit gibt jeddersch einen Empfang, als ob er der Fürst von Thurn wär, na ihr wisst schon, der mit dem Taxigeschäft und der verrickten Frau. Ja, Empfang muss heite sein. Hast im Flur dem Schäckert ausjezogen, krichst fir deine verblechte Kehl erst mal er Schlubberche Scherrie. Das is so e braune bittere Soß. E Meschkinnes wär dir lieber. Dann gibt es noch Pastetche und e Schinkenrollche und natierlich Lax mit Kaviar. Kennt ihr dem? Als ich dem das erste Mal sah, dacht ich fier mich, das sind nasse Schrotkugeln auß'e Jachtflint. Damit haben se bei uns de

Haskes abjeschossen. Aber nei, das sind Fischeier! Und zum Schluss jiebt es Weinbeeren mit so'n Prickel auf e Stickche Keese aufjesteckt. Aber Obacht, wenn du das Beerchen essen willst, musst vorher dem Prickel rausziehen, sonst kommst dir vor wie e Hecht am Angelhaken.

Ja, ja, das Essen is heit e jefährliche Sach. Alle Tage huck ich jetzt vor so e Pampel Müsli, mir is all koddrig im Magn von diesem Pferdefutter. Nu überleg ich all, ob ich nich doch auf die Cholesterinchens pfeifen und wieder was Verninftiges essen soll.

Verfasser unbekannt

Ein Insterburger Pfarrer schrieb über seine Landsleute 1836 Folgendes: *„Die anheimelnde Weichheit der ostpreußischen Aussprache steht in einem unversöhnlichen Gegensatz zur Härte ihres Schädels. Ihre Gier auf fette Kost, auf Speck, Schmant und Aale verlangt nach Schnaps und Schnaps wiederum verlangt nach Fett.“*

So lässt sich auch der bekannteste Trinkspruch aus meiner Heimat deuten: *Vor'em Schnaps e Schnaps und nach'em Schnaps e Schnaps.*

Damit kommen wir nun endlich zu den wundervollen Bezeichnungen für typische ostpreußische Gerichte und zu ihren klangvollen Namen, Musik in den Ohren jedes Landsmannes.

Königsberger Speisekarte

Ein jeder schwärmt auf seine Weise
für eine ganz gewisse Speise.
Der eine findet Wiener Schnitzel
als unerhörten Gaumenkitzel,
der Zweite schwört auf Krautsalat

und findet Rohkost delikat
samt Gurken, Sellerie, Tomaten,
der Dritte mag gern Gänsebraten,
der Vierte fühlt sich pudelwohl
bei Schweinebauch mit Sauerkohl.
Kurzum, der Menschheit Glück und Jammer
liegt oftmals in der Speisekammer.

Ich bleibe gleichfalls bei der Regel,
denn meine Wiege stand am Pregel;
und wär Lukullus hier geboren,
hätt er wie ich sein Herz verloren –
an Königsberger Klops natürlich.
Er fände es auch nicht genierlich
und würde darob gar nicht staunen,
dass Fleck man kocht aus Rindskaldaunen.
Denn dieses Fleck schmeckt gar nicht übel
mit Mostrich, Majoran und Zwiebel.

Doch fast so delikat wie Fleck
sind graue Erbsen – fett mit Speck.
Auch Spirkel auf Kartoffelbrei
und Sauerampfer – schön mit Ei!
Dann Flinsen, schön mit Farin bestreut,
Schwarzsauer um die Weihnachtszeit,
und Pflaumenkeilchen, Bartsch und Beeten
gab's in Kalthof wie in Megethen.

Loblieder sang ein jedermann
auf Königsberger Marzipan.
So stand es auf den Speisekarten
in Julchental und Königsgarten.
Und wer dies alles nicht geschmeckt,
hat nie das Paradies entdeckt.

Verfasser unbekannt

Eintöpfe (lange Gerichte), **Suppen**

Beetenbartsch

Borschtsch oder Rote-Rüben-Suppe. Rinderfleisch und -knochen, Suppengemüse und Bouillonwürfel mit dem Beetenmus, saurer Sahne, süß-sauer abschmecken. Traditionsessen im östlichen Europa, in vielen Varianten bekannt. Mein „Verweigerungsessen“.

Brotsuppe

Musste sein, altes Brot kam nicht in den Abfall. Bei uns Kindern nicht sonderlich beliebt. Brotreste wurden in kaltem Wasser eingeweicht, mit Nelken und Zimt gut durchgekocht, durch ein Sieb gerührt. Anschließend mit eingeweichten Rosinen erneut aufgekocht und mit Zitronen und Salz abgeschmeckt.

Gekröse (Gänseklein)

Magen und gut gereinigtes Eingeweide von Gänsen klein geschnitten. Majoran, Zucker, Pfeffer u. a. mit Mondamin leicht eingedickt. Das weich gekochte Gekröse wird der durch ein Sieb passierten Suppe beigegeben. Als Kinder schmeckte uns das Gericht in der kalten Jahreszeit zum „Huckenbleiben“.

Kartoffelsuppe nach Tante Annchens Art

Noch heute in der inzwischen weiter gewachsenen Familie ein beliebter Eintopf. Bei großen Treffen darf eine zünftige Kartoffelsuppe, nach Tante Annchens Art, nicht fehlen. Das Besondere daran: Ein ganzer Ring gewürfelter Fleischwurst wird mit der Suppe mitgekocht und gibt ihr den unverwechselbaren Geschmack.

Königsberger Rinderfleck

Ein sehr schmackhaftes Gericht, bei Nichtostpreußen fast unbekannt. Gekocht mit einer delikaten Brühe aus Rinderknochen, Suppengemüse, viel Majoran, Schmalz und Semmeln. Diese Brühe wird durch ein Sieb gegeben und das gewürfelte Rinderfleck (Magen und Innereien) darin 4–6 Stunden gar gekocht.

Lungenhaschee

Süß-sauer, aus Innereien und Herz vom Kalb oder Lunge und Herz von Schwein oder Hammel. Ein gewöhnungsbedürftiges (mindestens bei der Zubereitung), aber schmackhaftes Gericht. Eintopfartig.

Sauerampfersuppe

An Wiesenrändern sammelten wir Kinder für diese Suppe den frischen Sauerampfer, ostpreußisch auch „Saurampf“ genannt. Aus den Blättern und diversen Gewürzen, durch ein Sieb gestrichen, entstand eine süß-saure sämige, herrlich grüne Suppe, in der hart gekochte Eier serviert wurden.

Schlunz

Roggenmehlsuppe, als Morgenimbiss. Ohne schmackhafte Butter gekocht auch für Magen- und Darmkranke sehr gut geeignet.

Wruken (Steckrüben, im Volksmund auch Bruken)

Ein beliebter Eintopf, „langes Gericht“ aus den in der Kriegszeit verpönten Steckrüben. In den Hungerjahren der Nachkriegszeit dienten frische Wrukenscheiben roh, bestrichen mit falscher Leberwurst als Frühstücksbrot. Das Rezept meiner Mutter für die „falsche Leberwurst“ ist leider in Vergessenheit geraten.

Hat's geschmeckt? *Ja!*
Biste satt? *Ja!*
Willst noch mehr? *Ja!*

So viel zum Thema Nötigung!

Hauptgerichte

Apfelklöße

Der Name dieses Gerichtes allein lässt bei jedem Ostpreußen die Jugend wieder lebendig werden. War es doch ein beliebtes Gericht, das man sich zum Geburtstag wünschen konnte. Der Mehlteig wurde mit kleinen Apfelstückchen gemischt (am besten Boskoop) und mit einem Löffel in kochendes, leicht gesalzenes Wasser gegeben. Mit gebräunter, heißer Butter und Zimtzucker konnte man von den Klößen nicht genug bekommen. Wenn welche übrig blieben (selten), wurden diese abends erneut in der Pfanne leicht angebräunt und mit Butter und Zimtzucker verzehrt.

Gebratene Grützwurst

Blutwurst mit viel Schmalz in der Pfanne geschmort und mit Brat- oder Salzkartoffeln zusammen verzehrt.

Falscher Hasenbraten

In unserer Familie ein beliebtes Essen, wurde als „Festtagsbraten“ angesehen. Halb und halb Rinder- und Schweinehack mit viel Gewürzen und einer Handvoll Pfifferlingen wird zu einem größeren, länglichen Kloß geformt, in einem gut eingefetteten und mit Speckschwarte ausgelegten Bräter mit Speckstückchen gespickt, paniert und wie ein Braten kross ausgebraten. Mit Bratensoße, Salzkartoffeln, Erbsen und Mohrrüben serviert, war der falsche Hasenbraten für uns Kinder ein „Sonntagsgericht“. Der Rest, auch hier äußerst selten, war ein beliebter Brotaufstrich.

Kartoffelflins’chen

In anderen deutschen Landen auch als Kartoffelflinsen, Reibekuchen oder Kartoffelpuffer bekannt. Alleine der Duft, wenn in der Küche die Flinsen in der Pfanne brutzelten, brachte prompt die ganze Familie geschlossen an den Tisch. Bestreut mit Zucker oder bestrichen mit Apfelmus, gelegentlich auch mit beidem, war es ein vollwertiges Gericht, aber auch als Nachspeise sehr beliebt. Viele verschiedene Zubereitungsarten mit rohen, aber auch mit gekochten Kartoffeln sind bekannt. Jede Familie hatte hier so ihre eigenen Rezepte.

Als Einstimmung zum nächsten Gericht eine gängige Redensart:

Wenn ich jesund bin, ess ich zwölf Keilchen, wenn ich krank bin nur elf. Aber dann muss das letzte janz besonders groß sein.

Kartoffelkeilchen mit Spirkel

Mit der Hand geformte, längliche Kartoffelklöße (Flutschkeilchen, die flutschten, rutschten besser runter), dazu gewürfelten Speck (Spirkel) mit gehackten Zwiebeln in viel Schmalz kross ausgebraten und als Stippe über die Flutschkeilchen gegossen. Diese Mahlzeit wurde in unserem Geschwisterkreis als Wettbewerb angesehen, wer am meisten „zwingt" (schafft). Eine abgewandelte Form waren die **„Flaumenkeilchen"**, denen getrocknete Pflaumen und Birnen beigegeben werden konnten.

Klunkermus

Mehl, Wasser und Eier als Teig in kochende Milch tropfen lassen. Es bilden sich Klunker. Bei uns Kindern in Hameln nach der Flucht ein beliebtes Abendessen, das von Tante Annchen meisterlich zubereitet wurde. Wir Geschwister hatten uns eine „Klunkertabelle" ausgedacht. Die Klümpchen wurden von 1 bis 6 in Größen eingeteilt. Größe 6 nahm fast den ganzen Esslöffel in Anspruch, wurde herumgezeigt und gebührend bestaunt.

Königsberger Klopse

Das bekannteste Königsberger Gericht, heute auch auf vielen Gaststättenspeisekarten zu finden. Sie schmecken aber selten so gut wie zu Hause. Der schon zitierte Insterburger Pfarrer sagte dazu Folgendes: *Die Stadt Königsberg hat mit dieser Erfindung viel für die Tugend getan* (nicht zu fett) *und darf auf den Klops nicht weniger stolz sein als auf ihren großen Sohn Immanuel Kant, der mit seiner Lehre vom unbedingten Gehorsam gegenüber dem Pflichtgebot die preußische Monarchie erhoben, groß und mächtig gemacht hat.* Gekochte, herzhaft gewürzte und mit Zitronenschale abgeschmeckte Hackbällchen aus halb Schweine-, halb Rindermett werden mit einer süß-sauer zubereiteten, hellen Schwitze serviert. Dazu mehlige Salzkartoffeln. Die Wittkowski'sche Variante bestand darin, dass dieses Gericht aus tiefen Tellern gegessen, und die helle Soße praktisch als lange Suppe dazugegeben wurde. Zu drei bis vier Klopsen ließen wir uns nicht gerade *nötigen.*

Mehlflinsen

Mehl-Eier-Omelett, Teig in der Pfanne knusprig gebacken, ebenso wie die Kartoffelflinsen entweder mit Zucker bestreut oder mit Apfelmus bestrichen. Eine weitere Variante bereitete man mit Apfelstückchen und Rosinen zu. Auch dieses Gericht kannte man als Haupt-, aber auch als Nachspeise je nach Teigmenge.

Mostricheier (Senfeier)

Mehlschwitze mit Bouillonwürfeln und Senf süß-sauer abschmecken und mit hart gekochten Eiern servieren. Mostricheier waren das „Verweigerungsessen" meines jüngeren Bruders Christian.

Schweinefleisch mit Kumst (Sauerkraut)

Frisches und geräuchertes Schweinefleisch (Kasseler) wird mit dem abgeschmeckten Sauerkraut zusammen gekocht. Auch hier wieder eine Besonderheit in unserer

Familie: Das Fleisch klein gewürfelt und der Kumst als Suppe verlängert, machten für uns daraus ein „langes Gericht“, einen Eintopf also.

Schmandhering
Hering in saurer Sahne mit Apfelstückchen und Zwiebeln, verfeinert oft mit Würfeln von Kalbfleisch.

Salat

Gurkensalat mit Dill und Schmand
Gurkenscheiben abgeschmeckt mit saurer Sahne, Zitrone, Zucker, Dill und etwas Pfeffer. Ein erfrischender Salat, der an heißen Tagen gerne gegessen wurde.

Nachspeisen

Arme Ritter
Eingeweichter Zwieback wird in einen „Mehlflinsenteig“ mit klein gehackten Mandeln eingetaucht und in einer Pfanne von beiden Seiten knusprig braun angebraten. Mit gebräunter, flüssiger Butter und Zimtzucker ein herrlicher Nachtisch.

Buttermilchspeise
Zucker, Zitrone, Buttermilch und rote Gelatine. Zu der gelierten Kaltspeise wird Vanillesoße oder Schlagsahne serviert.

Purzel
Süßer Hefeteig wird mit einem nassen Löffel abgestochen und in siedendes Schmalz gegeben. Die Purzel dann braun backen und mit Puderzucker bestreuen. Dieses Gericht wurde traditionell zu Silvester serviert. Dazu trank man einen kräftigen Punsch.

Rote Grütze

Meine Lieblingsnachspeise, bitte mit Sago. Herrlich mit Sahne, aber auch mit Vanillesoße und /oder Eis.

Aufstrich

Schmand mit Glumse (Sahne mit Quark)

Magerer Quark, möglichst krümelig, abgeschmeckt mit saurer Sahne, dazu dunkles Vollkornbrot. Gelegentlich wurde dieser Aufstrich mit Honig oder selbst gemachter Marmelade individuell verfeinert. Viele behaupten, dass man für diesen erfrischenden Aufstrich im Sommer jedes Schnitzel stehen lassen würde.

Seelenwärmer (Schnaps)

Bärenfang

Dieser Honiglikör, auch *Meschkinnes* genannt, ist das bekannteste ostpreußische hochprozentige Getränk und wird in vielen Likörfabriken nach alten Rezepten heute wieder hergestellt. Der Name kommt aus dem Litauischen, von Meschkas, der Bär. Es lohnt sich nicht diesen Likör selbst anzusetzen, denn es gibt so viele Tricks, dass man die Anfertigung besser Spezialisten überlässt. Hier kurz die Ingredienzien: Honig, Wodka, Zimt, Zitronenschale und weitere Gewürze, die jede Familie geheim hielt. Das umwerfende Verhältnis: Für 250 g Honig benötigte man ½ Liter hochprozentigen Wodka. Andere, etwas gemilderte Versionen mischten 500 g Honig mit ½ Liter 96%igem Weingeist, ¼ Liter herbem Mosel oder ¼ Liter Wasser. In jedem Fall ein Likör, der in die Glieder fuhr, aber an langen Winterabenden in Spinnstuben, beim Skat oder in einer zünftigen „Plachanderrunde“ bei neuen „Vertellkens“ nicht fehlen durfte.

Grog namens „Kirchenfenster"

Für lange Winterabende: Rotwein, Rum, Aquavit, Zucker. Motto: „*Auffüllen bis zum Kirchenfenster!*"
Auch für den ganz „gewöhnlichen" Rumgrog gab es ein zünftiges Motto: „*Rum muss, Zucker kann, Wasser brauch nich.*"

Nikolaschka

Mit dem Nikolaschka kommen wir zu den „stärkeren" Kalibern. In den Kneipen, wenn das Mächtigkeitstrinken begann und der „*Kehlwaschtag*" die Männer um den Stammtisch vereinte, musste Hochprozentiges her, möglichst noch so verfeinert, dass die Wirkung gesteigert oder mindestens verfeinert wurde. Hier also der „*Nikolaschka*": Auf ein Glas mit Weinbrand wird eine mit Zucker bestreute Zitronenscheibe gelegt. Um an das Getränk zu kommen, wird die Zitronenscheibe verzehrt und anschließend der Weinbrand getrunken. Herrlich erfrischend und gut durchwärmend.

Koks

Zu einem Glas hochprozentigem Rum werden zwei geröstete Kaffeebohnen und ein „Zürfelwucker" gereicht. Man beginnt mit den Kaffeebohnen, die gut zerkaut werden, nimmt das Stück Würfelzucker in den Mund und trinkt den Rum durch den Zucker – mit überwältigender Wirkung. Nach einem Tischtennis-Trainingsabend in der Nähe von Gießen habe ich in fröhlicher Runde von diesem Spezialgetränk aus meiner ehemaligen Heimat berichtet. Die gefährliche Wirkung wurde stark angezweifelt und einer der ganz „trinkfesten" Sportkameraden wollte ohne erkennbare Wirkung fünfmal hintereinander „koksen". Später am Abend mussten wir den Armen gefechtsunfähig seiner Mutter vor die Haustüre legen.

Pillkaller

Zu der Gruppe dieser „Spezialgetränke" gehört als Höhepunkt der *Pillkaller.* Grundlage ist ein Glas Korn oder

Aquavit, auf das man eine kräftige Scheibe grobe, mit Majoran gewürzte Leberwurst legt. Darauf kommt ein Klacks'che Mostrich. Die Reihenfolge ist klar. Nachdem man die Leberwurst verzehrt hat, kommt der Schnaps drüber. *Seelche pass auf, es kommt e Schnaps'che.* Angeblich soll diese Komposition dafür sorgen, dass man ungestraft viel vertragen kann. Dafür fehlt es mir allerdings an Trainingsstunden. Dazu noch den entsprechenden Trinkspruch:

Es trinkt der Mensch, es säuft das Pferd,
in Pillkallen ist das umgekehrt.

4. Ostpreußische Familiennamen

Zum Rhythmus und zur Musik dieser Sprache gehören auch die typischen ostpreußischen Familiennamen. Diese sind z. T. so unverwechselbar, dass man bei einer Vorstellung in späteren Jahren, in der neuen Heimat, sofort sagen konnte: „Sie, oder aber Ihre Vorfahren, kommen doch bestimmt aus Ostpreußen?“ Auch die folgende Sammlung erhebt keinesfalls den Anspruch, vollständig zu sein, lässt uns aber in diese heimatlichen Klänge gut hineinhören.

Adomeit
Baltuscheit
Bednarz
Bernodat
Broscheit
Drygalski
Gaudzun
Geduhn
Grigul
Jankewitz
Jankuhn
Jessat
Jokuschies

Kaldereit
Kallweit
Kirstekat
Korbjuhn
Koschorrek
Koslows
Kuldschun
Kurschuleit
Langanke
Lapan
Lukat
Mikeleit
Mrotzek

Nomikat
Petereit
Petrusch
Piepereit
Pilkuhn
Plaukschkies
Pogoda
Schneidereit
Schubnis
Schustereit
Tuleweit
Uredat
Uschkat

Wenn auch nicht vollständig, ist eine solche kleine Aufstellung doch Musik in den Ohren eines jeden Ostpreußen. Es gibt umfangreiche Zusammenfassungen, sogar in Gedichtform. Auf die ostpreußischen Städtenamen werde ich später eingehen.

Wesentlich interessanter für mich ist es da schon, über den Ursprung des Familiennamens „*Wittkowski*“ nachzudenken. Im Königsberger Telefonbuch konnte man immerhin einige Seiten mit diesem Namen finden, der hier im Westen doch verhältnismäßig selten ist. Ohne dass diese Erkenntnisse in der Namensforschung absolut belegt sind, habe ich

Folgendes herausgefunden. In den kleinen Ortschaften Ostpreußens gab es vier honorige Persönlichkeiten: den Pastor, den Apotheker, den Schulmeister und den Wittkopp. Letzterer war der Gastwirt im Ort, und seiner „Weisheit“ wurden manche persönliche Streitfälle zum Schlichten anvertraut. Er galt in vielen Fragen des dörflichen Lebens als Autorität und genoss großes Ansehen. Aus diesem Wortstamm „Wittkopp“ wurde im Grenzgebiet zu Polen und Russland Wittkowski. Etwas Ähnliches kennen wir aus Norddeutschland mit den Namen Krüger und Kröger, für die eine ähnliche Wortstammentwicklung angenommen wird.

Eine bemerkenswerte alphabetische Einstufung von Namen ist im *Königsberger Adressbuch von 1911* zu finden. Dort heißt es als Erläuterung in der Einführung:

Die Adressen je eines und desselben Namens sind möglichst derart geordnet, dass Beamte und Militärpersonen zuerst aufgeführt sind, hierauf folgen die übrigen Stände nach dem Alphabet derselben, sodann Faktore, Kutscher und Arbeiter und endlich bilden Witwen und unverheiratete Damen den Schluss.

5. Ostpreußische Ortsnamen

In den ostpreußischen Dörfern entstanden durch ihre historische Berührung mit prussischem, litauischem und polnischem Volkstum ungewöhnliche Ortsnamen, z. T. unaussprechlich und ein nie versiegender Quell für Humor und Spott. Es gibt unendlich viele Gedichte und *Nuschtchens*, die sich ausschließlich mit der Poesie dieser Namen befassen. Auch in ganz Ostpreußen bekannte Spottverse sind ein Beispiel für die Auseinandersetzung mit diesem ungewöhnlichen Phänomen. Nach 1933 wurden diese Namen z. T. zwangsweise eingedeutscht, wobei ihr Reiz und Zauber aber leider teilweise verloren gingen.

Hier einige noch immer erhaltene Beispiele:

Wer nach ***Gumbinnen*** *kommt unbekneipt, von* ***Insterburg*** *unbeweibt, von* ***Pillkallen*** *ungeschlagen, der kann vom großen Glücke sagen.*

Es trinkt der Mensch, es säuft das Pferd, ***in Pillkallen*** *ist das umgekehrt.*

In ***Gumbinnen*** *jehn de Mädchen mit de Füß' nach innen.*

Es jibt Leute, die schreiben ***Albing*** *mit E.*

Überall dringt Bildung durch, bloß man nich nach ***Insterburj****.*

Oder die nette Geschichte aus **Gumbinnen**: Die Stadtbewohner ärgerten sich über den anrüchigen Namen ihres Flüsschens, die **Pissa**, und baten ihren obersten Landesherrn König Wilhelm IV. untertänigst um eine Umbenennung. Seine Antwort: „Genehmigt, schlage vor: *Urinoko*."

*Er ist aus **Kraxtepellen**, wo die Hunde mit dem Zagel bellen.*

Stellvertretend für die Poesie der ehemaligen ostpreußischen Ortsnamen soll hier die kurze humorvolle Geschichte von Robert Budzinski erzählt werden, die er in seinem Buch „Entdeckung Ostpreußens“ veröffentlichte.

*Bei meinen Wanderungen stieß ich wiederholt auf Ortschaften mit nicht sehr bekannten, aber desto klangvolleren Namen, sodass ich glaubte, mich in einer verzauberten Landschaft herumzutreiben. So fuhr ich einmal mit der Bahn von **Groß-Aschnaggern** nach **Liegetrocken**, **Willipischen**, **Pusperschkallen** und **Katrinichkeiten**, frühstückte in **Karkeln**, kam über **Pissanitzen**, **Perkuiken**, **Jucknischken**, **Kuhdiebs** nach **Katzenduden**, aß in **Aschlacken** Mittag, verirrte mich dann in **Pudelkeim**, **Pupinnen**, **Bammeln**, **Babbeln** und abendbrotete in **Pschintschiskowsken**, übernachten wollte ich in **Karßamupchen**, wo ich entdeckte, dass ich infolge der vielen mir vorgekommenen Namen meinen eigenen Vatersnamen ganz vergessen hatte, was den Wirt in **Karßamupchen** mit Namen **Strutzkeitzki** veranlasste, mich fortzuweisen; so ging ich über **Strontzken**, **Grondzken** und **Dumbeln** nach **Bumbeln** und **Budschißken**, wo mir mein Name infolge der Klangähnlichkeit wieder einfiel, so dass ich in dem benachbarten **Kakschen** beim Gastwirt **Kaschemecker** anstandslos übernachten konnte.*

*Am nächsten Morgen nahm mich ein Fuhrwerk aus **Gartenpungel** mit. Als ich den Besitzer fragte, von wo er her wäre, sagte er nur **Prosit**, hatte aber keine Flasche bei sich. Auf meine weitere Frage, wohin er fahre, meinte er **Prostken**, was mich veranlasste, ihn zu einem Schnaps einzuladen. Erst später erfuhr ich, dass die beiden Namen nicht ein Wink mit dem Zaunpfahl, sondern höchst anständige Ortsnamen waren.*

An dem folgenden Tage lernte ich noch kennen: ***Plampert, Purtzunsken, Kotzlauken, Mierunsken, Spirokeln, Wannagupschen, Meschkruppchen, Salvarschienen,*** *hörte noch von* ***Spucken, Maulen, Puspern, Plumpern, Schabbeln, Wabbeln,*** *wurde ohnmächtig und erwachte in* ***Mierodunsken,*** *wo mich der Landjäger von* ***Uschpiauschken*** *hingebracht hatte. Es dauerte lange, bis ich meine Sprache beherrschte, denn meine Zunge drehte sich fortgesetzt im Leibe um, sodass ich auf die Frage des Mannes, wohin ich wolle, sagte:*

„Göbnisknerk – Kösichgers – Knösiggerb – Königsberg". *Der Beamte fragte: über* ***Mischmiautsken*** *oder* ***Kampinischken,*** *was mich so ärgerte, dass ich ihn* ***„Dammelskopp"*** *anschrie. „Das liegt auf der anderen Strecke", sagte er entgegenkommend.*

So gelangte ich über mehrere ***-ischken, -unsken, -schkallen*** *und* ***-scheiten*** *nach* ***Königsberg.*** *Ein Blick in den Fahrplan überzeugte mich, dass ich nicht geträumt hatte.*

Das bekannteste und umfangreichste Sammelsurium ostpreußischer Ortsnamen beginnt folgendermaßen:

Theerwischwolla, Perkunischken,
Kuth, Cymochen, Kampinischken,
Plampert, Mulk, Katrinigkeiten,
Uszpiaunen, Endruscheiten,
Pupkeim, Pudelkeim, Pupinnen,
Wickno, Wiersbau, Wiebs, Widminnen,

... in diesem Sinne fährt der unsterblich gewordene „Dichter" A. von Weiß fort und endet nach weiteren 25 Zeilen, die sich alle reimen, wie folgt:

Tutschen, Tutteln, Bammeln, Babbeln,
Spullen, Tullen, Spucken, Wabbeln,

Kabbeln, Gurkeln, Mudlszen, Glommen,
Lungkuk, Gigarren, Wusen, Wommen –
hast noch immer nicht genug,
nimm den Fahrplan vor und such.

6. Das ostpreußische Wörterbuch

und wie es zu dieser Sammlung gekommen ist

Erbarmung! Auf dreizehn Seiten knapp 1000 Wörter in ostpreußischer Mundart. Angefangen hat alles in der Hamelner Schulzeit. Etwa 1948 entdeckte ich im Bücherschrank meiner Eltern, der mit einem Teil der privaten Bibliothek die Flucht überdauert hatte, ein kleines Heftchen von Dr. Alfred Lau, erschienen 1926 im Selbstverlag, mit dem Titel „Schabbelbohnen". Wie ich später erfuhr, war Dr. Lau Intendant des Königsberger Rundfunks und ein Meister kleiner mundartlicher Gedichte. 1952 sind zu diesem bibliophilen Kleinod noch viele kleine Bändchen dazugekommen, die Dr. Lau nach der Flucht im Verlag Gräfe und Unzer, Königsberg, inzwischen in München angesiedelt, mit großem Erfolg für seine ostpreußischen Landsleute wieder neu auflegte. Hier entdeckte ich herrliche Ausdrücke, die auch Bestandteil der Umgangssprache meiner Mutter waren. Sie bemühte sich zwar immer, eine gepflegte deutsche Umgangssprache mit uns zu sprechen, aber erst durch die Lektüre dieser kleinen Mundartheftchen merkte ich, dass viele Ausdrücke typisch ostpreußisch waren und sicherlich noch aus ihrer Jugendzeit in Bartenstein stammten. Ihre drei Schwestern hatten die Flucht ebenfalls unbeschadet überstanden und bei vielen Besuchen wurde jetzt herrlich *plachandert.* Zudem hatte ihre älteste Schwester Irmgard sich in Hameln als Klavierlehrerin niedergelassen, sodass ich, erst einmal aufmerksam geworden, tagtäglich Gelegenheit bekam, den älteren ostpreußischen Landsleuten *„aufs Maul zu schauen"*. Ich begann diese Worte aufzuschreiben, und bis 1952 waren dies meine ersten Aufzeichnungen.

Intensiviert wurde meine Begegnung mit der ostpreußischen Muttersprache noch durch die enge musische Zusammenarbeit mit Willi Homeyer. Er war als Hamelner 1937/1938 nach seiner Ausbildung als Lehrer in die Nähe von Tilsit auf seine erste Lehrerstelle verpflichtet worden und hatte aus Ostpreußen auch seine Frau mitgebracht. Zurückgekehrt nach Verwundung und russischer Gefangenschaft, kam er 1947 an unsere Schule in Hameln. Ich würde ihn heute fast als Berufsostpreußen bezeichnen. Schon sehr früh übernahm er die Leitung des Chores der ostpreußischen Landsmannschaft und es war Ehrensache, dass seine Schüler, in erster Linie die Ostpreußen, ihn bei dieser Arbeit unterstützten. Gesungen wurde vor allen Dingen bei den Treffen der Landsmannschaften, eine weitere Gelegenheit, meine Aufzeichnungen zu erweitern. Mein Interesse an ostpreußischem Brauchtum, am Liedgut und an der Literatur war geweckt, und so flossen in diese Sammlung noch viele Fundstücke ostpreußischer Dichter und Literaten. Der Grundstock zu einer eigenen speziellen Bücherei wurde gelegt und in den Texten von:

Johannes Brobowski
Ruth Geede
Hans Hellmut Kirst
Dr. Alfred Lau
Siegfried Lenz
Agnes Miegel
Hermann Sudermann
Prof. Johannes Thienemann
Ottokar Wagner
Ernst Wiechert
Marion Gräfin Dönhoff
Ralph Giordano
Ulla Lachauer
Hans Graf Lehndorff
Marion Lindt
Marianne Peyinghaus
Arno Surminski
(Vogelschutzwarte)
Ruth Maria Wagner
und vielen anderen

Begriffe gefunden, die in diese Sammlung eingegangen sind. Selbstverständlich kann so eine Liste nicht vollständig sein, zumal in den ersten Jahren eine Zuordnung der einzelnen Worte zu den Fundorten nicht erfolgte.

Diese Liste ist dann 1952 in Vergessenheit geraten und erst mehr als 50 Jahre später wieder durch einen Zufall gefunden und aus der Versenkung hervorgeholt worden. In einem Geburtstagstelefonat mit Renate Hübner, geb. Schulz, eine Nachbarin aus der Gerhardstraße 2 in Königsberg, erwähnte diese, dass 2004 in Neuhaus i. Solling mit zwölf *Marjellchens* des Jahrgangs 1928 ein Königsberger Klassentreffen stattfand. Abgesehen von der Tatsache, dass es ein Glückstreffer war, dass sich nach der Flucht und einer solchen Zeitspanne noch so viele ehemalige Klassenkameradinnen zusammenfanden, war die Hausaufgabe, die allen Teilnehmerinnen gestellt wurde: Jede sollte eine Aufstellung mitbringen mit Mundartbegriffen aus ihren Familien. Diese Listen konnte ich dann mit meiner Sammlung abstimmen und um fehlende Begriffe aus dem *Hausbuch des Ostpreußischen Humors* von Marion Lindt ergänzen. Auch sie, Mitarbeiterin des ehemaligen Königsberger Rundfunks, hat diesem wunderschönen Buch viele typische Mundartbegriffe beigefügt.

So entstand eine erste Zusammenfassung von ca. 11 Seiten, die ich zur Korrektur und Ergänzung an meine Schwester Hannelore, an Renate Hübner, an Wolfgang Choitz, ebenfalls früher Königsberg, Gerhardstraße 2, an meinen Schulkameraden Manfred Arendt, Hameln, früher Tilsit, und an Wolfgang Wever, Biedenkopf, schickte. Die letzte Adresse sollte sich als eine wahre Fundgrube erweisen. Wolfgang Wever, ebenfalls Jahrgang 1928, war viele Jahre Vorsitzender der Bartensteiner Landsmannschaft, sein Vater in den letzten Kriegsjahren Landrat in Bartenstein. Er rief mich an und holte sich die Genehmigung, meine Sammlung an Waltraut Bartsch nach Elmshorn weiterzuleiten. Frau Bartsch, gleichfalls Jahrgang 1928, ist ehemalige Bartensteinerin und gilt als Expertin für alles, was mit Brauchtum in unserer ehemaligen Heimat zusammenhängt. Sie hat sich die Mühe gemacht, die ganze Zusammenfassung Zeile für Zeile durchzuarbeiten. Dabei schreckte sie auch nicht vor herber Kritik zurück. Ich habe ihr für dieses *Ostpreußische Wörterbuch* sehr viel zu verdanken und aus ihren Kommentaren viel gelernt. Die ostpreußische Mundart ist eine ungemein lebendige Sprache. Es gibt viele Begriffe, die allgemein in ganz Ostpreußen verstanden wurden, andere Worter waren auf bestimmte Gegenden begrenzt, und dann gab es auch für die Deutung in den unterschiedlichen Landschaften des großen Landes ganz abweichende Auffassungen. So ist auf diese Weise eine ganz lebendige Sammlung entstanden, und es kann sein, dass weitere Vorschläge noch später mit eingearbeitet werden.

Die Vielfalt der „ostpreußischen Wortschöpfungen“ ist in der preußischen Siedlungspolitik zu finden. Nach der großen Pest 1709 bis 1711, die ganze Landstriche entvölkerte, siedelte König Friedrich I. Flamen, Holländer, Salzburger, Schotten und Dänen an, und auch Wörter litauischen, masurischen, polnischen und französisch-schweizerischen Ursprungs fanden Eingang in diese Umgangssprache.

Wichtig ist für mich aber abschließend erneut die Feststellung, dass diese Sammlung keinesfalls den Anspruch auf Vollständigkeit erhebt. Wer tiefer in den ostpreußischen Dialekt eindringen möchte, sollte sich mit dem *Preußischen Wörterbuch* befassen, das im Herbst 2006, nach über vierzig Jahren Arbeit an der Universität Kiel, fertiggestellt wurde und heute vom Forschungsinstitut für deutsche Sprache an der Philipps-Universität in Marburg betreut wird.

Das ostpreußische Wörterbuch

Vokabeln und Beispielsätze

A

aasen	vergeuden: *Du sollst nicht mit deinem Taschengeld so aasen.*
aasig	sehr: sich aasig schlecht fühlen, aasig kalt
abäschern	sich abmühen
abbeißen	einen abbeißen, „einen Kurzen trinken“
abdreejen	abtrocknen
abgebrachter Feiertag	zu Zeiten unserer Großeltern der dritte kirchliche Feiertag, an dem die Gäste „abgebracht“ wurden
abgejachert	abgehetzt
abgekoddert	abgerissen (Kleidung): *Mit den abgekodderten Klamotten kannst du nicht in die Schule gehen.*
abkaddern, abnuscheln	sich oberflächlich waschen
abknapsen	absparen
abkrängeln	abschlachten
ablunkern	abhandeln
abmaracheln	sich abmühen, abarbeiten
abnehmen	fotografieren
ab'n Arm	fehlender Arm. Typisch ostpreußische Redensart. Dazu gehören noch Redewendungen wie: **durch'ne** (zerstörte) **Finger** (Schuhe, Ärmel, Strümpfe usw.) und ***zu'ne*** (geschlossene) **Tasche** (Tüte, Tür, Eisfläche usw.)

abpesern	abbrennen (Tannenzweig, Kartoffelkraut)
abrebbeln	Garn abwickeln
abrebbeln, sich	sich sehr anstrengen
Alf	Papierdrachen
all	schon: *Willst all gehen?*
allerballer	aus und zu Ende
altbacksch	altklug: *Die altbacksche Marjell kann ich nicht verknusen.*
ambarschtig essen	sich überessen
amend	vielleicht, am Ende: *Amend hast noch Recht.*
anglupschen	böse ansehen
anprachern, prachern	anbetteln, betteln
anstecken	Licht machen: *Steck die Funzel an.*
äppeldwatsch	überdrehter Kerl
Aptek	Apotheke
aufgebriest	von der Sonne rötlich verbrannt
aufgekraselt	unordentlich, nicht aufgeräumt
aufgeschirrt	zu früh angezogen und dann warten
aufkrasseln	Unordnung machen
aufleiern	stapeln
aufrebbeln, rebbeln	Gestricktes, Gehäkeltes „entrebbeln"; aber auch: sich aufregen oder über Gebühr mit Arbeit belasten
auf Stützen stehen	in Aufruhr geraten: *Das ganze Dorf stand auf Stützen.*
ausbaldowern	auskundschaften
ausbüxen	weglaufen
ausfusseln	Kleidung ausfransen; auch: den Mund „fusslig" reden, umsonst reden
ausgeblechte Kehl haben	beim Trinken viel vertragen

ausglitschen, ausglutschen	ausrutschen
ausknieweln	herausfinden
ausknüllen	austrinken (Schnaps)
auskratzen	vor Angst ausreißen
auslatschen	Schuhe austreten
auslausen	jemanden ausnehmen
ausmausen	jemanden erleichtern, z. B. beim Kartenspiel
ausmolschen	ausgiebig faulenzen
auspellen	Kleidung ausziehen
ausstieben	ausschütteln, ausstauben
Aust	Ernte

B

babbeln, braseln	ohne Inhalt vor sich hinmurmeln
Backebeer	alle Siebensachen
Bagaasch	Gepäck, aber auch: unerwünschte Verwandtschaft: *Die ganze Bagaasch hatte sich zum Kaffee eingeladen.*
baggrich	baufällig; aber auch: sich klapprig fühlen
Barbutz	Frisör
barft	barfuß
bedammeln, bedammelt	einschlafen, vom Schlaf übermannt
bedeichseln	hinkriegen, überreden
bedeiweln	verwirren, überreden
bediestern	es dämmert, bis es duster, dämmrig wird
bedripst	traurig, niedergeschlagen, betrübt
bedudt	betäubt, aus der Fassung, verdutzt sein

Beeten	rote Rüben
befummeln	etwas deichseln, hinbekommen
begnabbern	Knochen abnagen
begniddern	in sich hineinlachen
begnupsen	Haare „unfachmännisch" abschneiden
begrabbeln, begrabschen	alles anfassen, befühlen, befummeln
behnen	inhalieren
Beisatz	Gelee oder eingemachte Früchte als Beigabe zum Braten
bei wenigstens	zum Mindesten: *Du hätt'st mir bei wenigstens sagen können, wohin du gehst.*
bekleetern	sich beschmutzen, mit Dreck bespritzen
bekoddern	sich auffällig einkleiden: *Sie fuhr zu Besuch und hat sich richtig bekoddert.*
belapsen	ertappen
benuscheln	Gesicht und Hände beschmutzen, aber auch humorvoll: sich betrinken
bepulen	Rosinen oder Streusel vom Kuchen naschen
bepummeln	warm anziehen
beribbeln	blechen, zahlen
besacken	tüchtig ausschimpfen
beschettern	sich um eine Person oder Sache besonders bemühen; aber auch: *Du siehst beschettert aus.* (kränklich, betroffen, verdutzt)
beschlabbern	mit Essen bekleckern
beschlauchen	betrinken
beschonen	Kleidung pflegen
beschummeln	mogeln

beschurgeln	bestoßen, abscheuern: *Hast' dir amend die neuen Schuhe all wieder beschurgelt*?
beschwaugschen	mit Wasser begießen
beschwiemen	in Ohnmacht fallen
beschworken	bewölkt
besehen	leiden: *Ich kann ihn nicht besehen;* aber auch: das Anwesen des, der Zukünftigen in Augenschein nehmen
betuddern	liebevoll umsorgen: *Muttchen betuddert ihre Kinderchen von vorn bis hinten.*
betun	sich zieren: *Betu dich nicht so.*
bewerfen	Innennähte besäubern
Bijonen	Pfingstrose
Bixen, Büxen	Hosen
blabbern, brabbeln	leeres Geschwätz reden
blaken	flackern und rußen, z. B. eine Lampe
blaubacksch	mit blaurötlichen Wangen; Bei einem drallen und kerngesunden Mädchen sprach man von einer blaubacksch Eierlott. (Die Eierlott = das Mädchen, das die Eier austrug.)
bleierne Ente	schwerfälliger Mensch
Blubber	Mund, halt die „Blubber“
Blubbermaul	schwatzhafter Mensch
blubbern	undeutlich sprechen
bocksch	bockig
Bofke	gewiefter junger Mann
bölken	laut schreien
Bollerwagen	kleiner Handwagen
Borch, Borg	Schwein, verschnittener Eber
Boss	Ärger, Wut
bossig	böse sein: *Bis'te bossig*?
Bossnickel	wütender Mensch

Bottkes	Stiefel
braaschen	laut schreien (Kind)
bräsig	wichtigtun, verärgert
Brassel	undefinierbare oder wertlose Gegenstände: *Räum' deinen Brassel aber schnell an die Seite.*
brasseln	plappern
bremsen	eine runterhauen: *Ich brems dir gleich eine;* aber auch: sich etwas versagen: *Ich kann mich bremsen.*
brieschen	schlagen, handgreiflich werden; auch: einen trinken, durchzechen
Brieselzimmer	Konferenzzimmer
brisseln	murmeln, vor sich hin schwätzen
Bröch, Buk	Bauch
Brusche	Beule am Kopf
Bucht	Bett: *Geh in die Bucht.*
buggern	mehrfach anstoßen
Bullbas	Brüllaffe, schreiendes Kind
Bullenbeißer	Hund, aber auch für einen bärbeißigen Menschen
Bullerloge	Theater, 3. Rang
bullern	im Ofen prasseln
burbeln	gluckern, poltern im Bauch
Buschebaubau, Buscherbau	„schwarzer Mann"
Butsch	Kuss
butschen	küssen
Butscherchen	Küsschen
Butterbüchs	verächtlich für billige Uhr

C

Chausseegeld „Taschengeld" zum Vatertag, das Mutter spendierte

Christorbeeren Stachelbeeren

Coleur de Nuschel verächtlich für ausdruckslose Farben auf Stoffen und Bildern, alle Farben durcheinander gemischt: *Die Farben seines Pullovers waren Coleur de Nuschel, auch das Bild an der Wand hatte Coleur de Nuschel.*

D

dakig neblig

Dämelsack hoffnungsloser dummer Mensch: *Du bist wohl mit dem Dämelsack gepudert.*

Damenwind beruhigender Ausdruck Cranzer Fischer für ängstliche Passagiere: ruhiger Seegang

Dammlack Dummkopf

dammlich dumm, dämlich

Dammlichkeit Dummheit

Dassel Kopf

dasseln ohrfeigen

deeren schüchtern, sich nicht trauen

Deez Kopf

Deikert, Deiwel, Deibel Teufel, Satan

Deppke unansehnlicher, abgetragener Hut

dickkopsch eigensinnig

Dickus, Dickerchen dickes Kind; auch für: beleibter Mensch

Differt männliche Taube

Dingslamdei Hintern

Dimpel	Tümpel, Pfütze, Schmutzloch
Dittchen	Zeitlicher Ausdruck für 10-Pfennig-Stück, Groschen
Drangtonn	Abfalltonne für Schweinefutter
dreej	trocken
dreibastig	vorlaut, altklug
Driffke	durchtriebener Mensch
driftig	schlau, verschlagen, durchtrieben
Drippsdrull	freudloser, missmutiger Mensch
drollig	sympathisch ulkig; aber auch: *mach dich nicht drollig* = mach dich nicht zum Narren
drugglich	drall, rund, stramm: *Die druggliche Marjell, das ostpreußische Schönheitsideal.*
Druschel	Ohrfeige
druseln	flach überschlafen
Dubbas, Dingsla	für Gegenstände, deren Bezeichnung nicht parat ist: *Reich' mir mal dem Dubbas rüber.*
Duche, Du'je	zärtliche Anrede
ducknackig	gebückt
Dudszak	Dummkopf
Dulks	Stoß
Dummerjahn	zärtlich für jemanden, der Dummheiten macht
Dunstkopp	Brummschädel nach „Kehlwaschtag"; auch als Schimpfwort „alter Dunstkopp"
Dups	Hintern
durch'ne Finger	beschädigte Finger beim Handwerken oder Handarbeiten
durchrasseln	durch ein Examen fallen
durchschwuchten	durchfeiern

durchstuken	Wäsche im Kessel mit Wäschestuker durchwalken; aber auch: eine Strafpredigt halten, jemanden wachrütteln
dursten	Durst haben: *Mich durstert.*
Duschak	beschränkter Jüngling
duschig	zerfahren, dümmlich
Dusel	Glück: *Er hat Dusel gehabt.*
Dussel	Dummkopf
dusslich	sehr dumm
Duzkeilchen	Brüderschaft: Wir haben noch keine Duzkeilchen miteinander getrunken.
dwatsch	dämlich, beschränkt

E

ehrpusslig	moralisierend
Ei kick dem!	Sieh dir den an!
einfuchsen	Lehrstoff eintrichtern
einfuppen	in die Tasche stecken
einkacheln	einheizen
einschuschen	Kind in den Schlaf wiegen
einschwunken	zur Arbeit antreiben, Tanzpartnerin „stark beschleunigen"
einstänkern	es mit Parfüm „übertreiben"
Eller	Erle
Enkel	Fußknöchel
Erbarmung!	Das Wort, an dem man noch heute jeden Ostpreußen erkennt. Ausdruck der ungeteilten Aufmerksamkeit, des höchsten Erstaunens und der liebevollen Anteilnahme. *Erbarmung! Was hast dir nur die Knie beschurgelt.*

erkubbern	von einer Krankheit gut erholen, geschäftlich Erfolg haben
erst wer	irgendeiner, der erste Beste: *Ich bin doch nicht erst wer.*
es bautzt	es kracht, bumst
es stiemt	es schneit stark und der Wind weht

F

Farin	feiner Streuzucker
Faselvolk	geziertes Benehmen, bewusst vornehm tun
fichuchliche Marjell	unruhiges, vergnügungssüchtiges Mädchen
Fiddel	Geige
fijohlen, fichucheln	herumtreiben, vergnügungssüchtig sein
Fips	kleiner, unscheinbarer Mensch; auch für: kleiner Hund
fipsiges Kleid	ausgewachsenes, verschnittenes Kleid
Fisimatenten	Ausflüchte, Faxen: *Mach' keine Fisimatenten, ich hab dich all längst durchschaut.*
fisplig	unruhiges Kind, das nicht stillsitzen kann
fisslig	nervös, unbeständig
Fitzchen, e Fitzche	ein Stückchen
Fitzelband	Nahtband
Fixniedel	hurtiger Junge; auch für: lebhafter Hund
Fladrusch	Haarpracht, Perücke, übermäßig gerüschtes Kleid
Flederwisch	Gänseflügel als Besen
fleien	Holz stapeln

Flicker	Lumpen
Flickerpupp	Puppe aus Stoffresten, mit Lumpen ausgestopft
Flickerzich	Beutel mit Stoffresten. In Muttchens Schneiderstub' war die *Flickerzich* ein unentbehrlicher Fundort für Ausbesserungen an *Kleidaasch* und sonstigen Gebrauchstextilien. In den ersten Jahren nach der Flucht wurde nichts weggeworfen. Für alles gab es irgendwann wieder Verwendung. Auch die *Flickerpupp* wurde mit viel Fantasie aus diesen Resten gefertigt. Meistens war es das erste Spielzeug der kleineren Geschwister und konnte später, wenn auch inzwischen sehr unansehnlich wegen inniger Liebe, nur ganz schwer entsorgt werden.
Flinsen	Puffer aus Eiern, Mehl oder Kartoffeln
Flochten	Flügel: *Die Flochten nicht hängen lassen.*
Flochtenmantel	wallender, weit geschnittener Mantel
flunkern	schwindeln
Flunsch ziehen	das Gesicht verziehen
flutschen	leicht und schnell gehen: *Die Arbeit flutscht ihm man so von der Hand.*
foorts, forzig	sofort: *Wenn ich dem Kreet kriege, dann setzt es foorts e' Mutzkopp.*
Fuchtel	Aufsicht: *Unter meine Fuchtel habt ihr nuscht zu lachen.*
fuchteln	unruhige Handbewegung

fuchtig werden	wild werden
fuhrwerken	hart arbeiten, mit den Händen reden
Funzel	mickrige Lampe, meist mit Öl oder Petroleum betrieben
Fupp	Tasche, Hosentasche
Fusseln	kleine Fäden auf Kleidern und Fußboden
fusslig	ausgefranst, den Mund „fusslig“ reden

G

Ganter	Gänserich
Gebraasch	lautes Durcheinanderreden
Gebrassel	minderwertiges Zeug, Kram, Gerümpel
Gebriesel	undeutliches Vor-sich-her-Reden ohne Sinn und Verstand
gebumfidelt	(sich) geehrt (fühlen)
Geklier	Schmiererei, undeutliche Schrift: *Mit dem Geklier gehst mir nich' inne Schul.*
Gekrassel	Gerümpel
gelackmeiert	vorgeführt, hintergangen
Gelböhrchen	Pfifferlinge
geraten	schaffen: *Ich gerat nich' mehr, nach diesem Teller Kartoffelsupp' is aber Schluss.*
Gerebbel	sehr langer, dürrer Mensch: *Erbarmung was für ein langes Gerebbel.*
Geseier	Gejammer
Gewürzer	Lebensmittelhändler
Gibbel	Mund: *Halt die Gibbel.*
gielen	begehrlich hinsehen
gieprig	versessen sein auf etwas, gierig

Gilken	Ringelblumen, Bauernblumen
glabbrig	glatt, schleimig (Frosch, Schlange, Aal)
gleischen	glänzen, leuchten
Glibberpudding	Wackelpudding, „Götterspeise“
glibbrig	wacklig
glubsch, glupsch	unfreundlich: glubsches Gesicht
Glumse	Quark
Glumskopp	Schwachkopf
Gluper	kleine Scheibengardinen
glutschen	gleiten auf dem Eis
gnaaren	weinen
gnabbern, gnagen	nagen (Mäuse)
gnaddrig	nörgelig
Gnaschel	kleines Kind
gnatzig	trotzig, auch geizig
Gnatzkopp	Querulant, Geizkragen
gniddern	kichern, verschmitzt lachen
Gniefke	Geizhals
gnietsch sein	neidisch; auch: geizig
Gnos	kleiner Junge
gnossig	schlecht gelaunt, gnatzig
Gnubbel, Gnurpel	kleiner Mensch; Reste: *Mit dem Gnubbel von Bleistift kann aus deinen Schularbeiten nuscht werden.*
goa! goa!	na! na!, ungläubig
grabbeln, begrabbeln	alles möglichst anfassen: *Begrabbel mir nicht die frisch geputzten Fenster.*
gransen	lautlos weinen
grapschen	zugreifen
Grauchen	kleine Birnen mit rauer Schale
graurich	grässlich, unangenehm
Greifchen spielen	Fangen spielen
grifflachen	still amüsieren
Grumpel, Grompel	harter Stuhlgang

Gusses, Gissel	Gänschen
Guter Mann	Treuzeuge

H

Hacheln	überlange Arme
Hamsch	kleiner Abbiss
hamschen	schnell zugreifen
Handschkes	Handschuhe
happig	reichlich
Haskebrot	bei der Arbeit nicht verzehrtes Frühstücksbrot, das später besonders gut schmeckt
Heemske	Ameise, dürres Kind
Heideldeidel	Krimskrams
hinterherzageln	hinterhertrotteln: Oft gehörter Ausruf bei den „beliebten“ gemeinsamen Spaziergängen: *Nu' zagelt doch nicht immer so hinterher.*
Hitscherchen	Fohlen, auch Fußbank
Holzbalje	Holzbadewanne
Hops'che spielen	Hüpfspiel
hubbern	frieren
Hubbernack	verfrorener Mensch
huck di dal, huck di hen	setz dich hin
hucken bleiben	sitzen bleiben (Schule)
humplig	uneben; aber auch für hohen Wellengang
Hungerharken	Pferderechen
Husch	Strauch
Huschchen	zarter Zweig mit frischen Blüten

I

ietzen	stehlen
Ilske	Iltis
Instmann	Landarbeiter
inzwei	entzwei, kleinkriegen
is all	ist schon: *Dein Jäcket is all in Ordnung, kannst ihm wieder anziehen.*
i wo nein	ein ganz entschiedenes Nein: *I wo nein, heut wird nich mehr draußen gespielt.*

J

jachern	fröhlich herumtollen
jachrig	vergnügungssüchtig, gierig
Jampel	billiger Mantel
Janker	Heißhunger
jankern, jankrig	etwas Essbares begehren
japsen	nach Luft ringen
jibbrig	ungeduldig, außer Atem
Jleddersch	Glieder
Jrät	Grütze
juchen	kreischen, jauchzen
juchteln	herumtreiben
Jungsmarjell	Mädchen, das sich mit Jungen herumtreibt
Jux	wertloses Zeug: *So'nen Jux fass ich nicht an.*

K

kabbeln	scherzend streiten
Kabolzkepflaster	Kopfsteinpflaster
Kabolz schießen	Purzelbaum

Kaburr	Gefängnis
kaddern, auskaddern	Wäsche ein wenig auswaschen
Kaddig	Wacholder
kadreiern	Nachbarschaftsklatsch bereden
kakelbunt	sehr grell bunt
kakeln	plaudern
Kakelnest	Kind, das ständig fragt; auch für: Nesthäkchen
Kalabreser	breitkrempiger Hut
kalbeeken	zu viel und zu laut sprechen
kalbern	rumalbern
Kaldaunen	Innereien, Fleck
kalte Lameng	mit flinker Hand und nicht immer sorgfältig. *Deine Schularbeiten hast aber heut mit der kalten Lameng abgeliefert.*
Kalupp	baufälliges Haus
Kalus	Gefängnis
Kaneel	ungemahlener Zimt
kankautsch	beim Essen mäkelig
Kanthaken	*jemanden am Kanthaken nehmen:* am Kragen fassen
karäsig	angeberisch, vorlaut
kariolen, herumkariolen	fahren, nutzlos herumfahren
karjersch	selbstbewusst, mit karrierebewusstem Auftreten
karsch	munter und frisch, mutig
Kasel	altes Kleid
Kasewelk	Umschlagtuch der Bäuerin
Kastroll, Kasrolle	kleine, hohe Pfanne mit Stiel
Kattun kriegen	„Wind von vorne“ bekommen, ausgeschimpft werden
Katzkopp	Ohrfeige
Kehlwaschtag	„Hoch die Tassen“ im Stammkrug
Keilchen	längliche Kartoffelklöße
keiweln	stolpern, fallen

Kerdel	Kerl
Kerdel schorwiger	(Schimpfwort)
Keuchelchen	Küken
kicken	sehen, schauen
Kieker	*auf dem Kieker haben*: schlecht auf jemanden zu sprechen sein
kiewig	aufsässig, dreist
Kingersch!	Kinder, hört mal!
klabastern	mit Dingen poltern
klabastrig	wacklig, zerbrechlich, mit angeschlagener Gesundheit
Klacks'che, Klacks	kleines Häufchen
Kleckerkerzen	tropfende Kerzen
Kleetern	Schmutzspritzer
Kleinmittag	zweites Frühstück
klieren	unleserlich schreiben; dick mit Butter bestreichen
klietsch, klietschig	eingefallen (Kuchen)
Klinger, klingern	Klingel, klingeln
Klippschul	Sonderschule
„Klopsakademie"	Bezeichnung für die Mädchengewerbeschule in Königsberg; „Doenings Kochbuch", ein Muss in jedem ostpreußischen Haushalt
Klopse	Fleischklöße, gebraten oder gekocht, bekannt sind die „Königsberger Klopse"
klotzen	bezahlen; aber auch: mit Geld protzen
Klotzkorken	Holzpantoffeln
Kluck mit Keuchel, mit Keichel	Glucke mit Küken
klugkosen	altklug, gescheit aufspielen
Klumbatsch	wertloses Gepäck

Klunker	aufdringlicher Schmuck; Mehlklümpchen „Klunkersupp“; „alte Klunker“ (verächtlich für ein weibliches Wesen)
Knagge	Kleiderhaken
Knaster	stinkender Tabak
knastern	stark frieren in der Natur: das Eis knastert
kniewlig	schwierig, knifflig
Knipsgroschen	Notgeld, Taschengeld für besondere Fälle
Knubbel	Beule
Knust	Brotkante; aber auch: Beule am Kopf
Kobbel	alte Stute; aber auch: Schimpfwort für: alte Frau
Kodder, Wischkodder	Aufwischlappen
Koddern	ungepflegte Kleider, Lumpen
koddrig	schlecht: *Es geht ihm koddrig.*
koppheister	kopfüber
Koppscheller	Rosstäuscher
Koppskegel	Kopfrolle: beliebtes Kleinkinderspiel, ofmals mit Vatchens Hilfe
Kopskiekelwein	selbstgemachter Johannisbeerwein
Koss	Ziege; auch Schimpfwort für eine Frau
kostet teuer	„das kostet teuer“: etwas ist seinen Preis nicht wert. Diskussion z. B. mit den berüchtigten Königsberger Fischweibern, den *Kuppelweibern: Nei, den Fisch nehm ich nich. Der kostet zu teuer.* Meistens verbunden mit einer wortreichen Auseinandersetzung.
Kragge	altes Pferd

kraggeln	mühsam gehen, unleserlich schreiben
kraseln	aufräumen: *Nu kraselt man euer Spielzeug anne Seite, wir wollen gleich essen.*
Kraßelzeug	Schimpfwort: ekelhaftes Gesindel
Krät, Kreet	eigentlich Kröte; ostpr. Schimpfwort: scheußlicher Mensch
krauchen, herum-	herumkriechen, herumschnüffeln
kraufen	kriechen
Krauter	Greis: *alter Krauter*
Krebsch	Beutel, Sack, Einkaufs-, Markttasche
Krekeln	wilde Pflaumen
krengeln, krängeln	sich drehen und wenden
Krengelstuhl	einbeiniger Drehstuhl
Kreppschull	Wickel: *Jemanden am Kreppschull fassen.* Am Kragen fassen
Kribbelkopp	nervöser Mensch
krieslig	schwindlig, außer sich vor Freude
Kriggelkraggel	schlechte Schrift
krillen	das Haar kräuseln
krischeln	in der Pfanne braten
Kronsohn	liebevoll für Stammhalter: Auch mein Vater hatte die Angewohnheit, mich seinen Freunden als *Kronsohn* vorzustellen, was mir jedes Mal Unbehagen verursachte.
Kruck	Krug, „Wärmkruck“: Wärmflasche
Kruppzeug	zärtlich für: unartige Kinderschar
Kruschelkopp	Lockenkopf

Kruschel-Muschel	Kleinkram
Kruschke	wilde Birnen; auch für: kleines Kind
krutzen	kränkeln (auch für Pflanzen, die nicht gedeihen wollen)
Kuckel	kleines Brot, Kuchen
Kuffel	hoher Tontopf
Kujel	Eber, auch kastriert
kullern	rollen
Kullerreifen	großer Kinderspielreifen aus unserer Jugendzeit, wurde mit einem kleinen Stöckchen vorangetrieben und wir *wockten, pesten* dann hinterher. Vom Umfang noch größer als der heute bekannte Hula-Hoop-Reifen.
Kulpsaugen	hervorquellende Augen
Kummchen	kleine Schüssel
Kumst	Sauerkraut
Kumstkopp	Weißkohlkopf; auch: Dummkopf
Kunterchen	kleines Pferd
Kuppelweiber	Bezeichnung für die Königsberger Marktfrauen
Kurr, Kurrhahn	Puter
Kurrepest	vor langer, langer Zeit
kurrig	nörgelnd
Kuseln	Unterholz, u. a. kleine, dürftige Kiefern auf der Nehrung

L

Laban	langer Kerl
Labommel	großer Herumtreiber
Lachudder	langer, ungelenker Mensch
Laps	grüner, dummer Junge
Lauks	Lümmel (verschärft)

leckern	naschen
leddje	leer
Liliekanfalien	Maiglöckchen
Lischke	Einkaufsbeutel, Bastkorb
Lodderjahn, Luderjahn	unordentlicher Mensch
Lorbas	gutmütig für Taugenichts, kleiner Rumtreiber
Löschke, Lischke	Frühstückstasche aus Bast
losschächten	mächtig ausschreiten
Lucht	Dachboden
luchtern	hell, leuchtend (Augen), auch begierlich hinschauen
Lulatsch	langer Jüngling
lunkern, ablunken	abbetteln, abschmeicheln
Luntruss	leichtsinniger Mensch: *Er ist ein richtiger Luntruss und hat noch nicht viel auf die Beine gestellt.*
Lutschbacken	sehr runde, volle Backen
Lutschpungel	Schnuller als Einschlafhilfe, z. B. Stoffsäckchen mit kleiner Öffnung, gefüllt mit Sirup oder Mohnbrei

M

Maachen, Mamachen, Muttchen	zärtlich für: Mutter
maddern	stochern, untersuchen, nicht fertig werden, mühselig reparieren
Magritsch	Freibier nach einem günstigen Viehverkauf
mäklig	wählerisch, unzufrieden
man	Füllwort: *Is man wenig nur.*
Manchen	Männchen (zärtlich)
mang	dazwischen: *Mit den Fingern mang de Kartoffeln.*
mängeleeren	vermischen

Marjell, Marjellchen zärtlich für Mädchen: *Hast dir bekleckert mit's Jelbe von's Ei?* Der bekannte Spruch, mit dem uns auch Nichtostpreußen demonstrieren wollen, dass sie den ostpreußischen Dialekt beherrschen, was aber nicht selten peinlich klingt. *Marjellchen* für Mädchen, nur selten wurden sie anders genannt. Die Jungen hatten viele Namen. Sie richteten sich nach Alter, Größe und Frechheit. *Butzer* wurden die ganz kleinen Jungen genannt, die auf Großvaters Knie hockten und mit denen er „Hoppe, Hoppe Reiter" spielte. Aber aus dem *druggligen Butzerchen* wurde ein *Gnoss*, dann ein *Bowke, Lorbas, Luntrus …* und dieser reiche Wortschatz nahm mit wachsender Körperlänge zu. *Lachudder, Labommel, Lauks:* das waren nur einige Bezeichnungen für einen Lümmel. Wer nicht in die Höhe schoss, blieb ein *Gnaschel.* Und einer, der ewig *Dammlichkeiten* machte, ein *Unussel.* (Auszüge aus „Tohus is Tohus. Kindheit in Ostpreußen" von Ruth Geede)

Maschin eiserner Herd

Maschkopi illegale Vorteile, meist in einer Gruppe: *Alle unsere Politerchens machen doch amend Maschkopi.*

Maßliebchen Gänseblümchen

Mauchen	Pulswärmer
mausig machen	sich aufspielen
Meiran	Majoran
Mejlichkeit	Ausruf: *Is das de Menschen Mejlichkeit!*
Meschkinnes	Honigschnaps, Bärenfang
Miggepritscher	Mückenspritzer (ostpr. Schildbürger)
Mischpoke	abwertend: Sippschaft
mischugge	geistig verwirrt
missrig	unbedeutend, unansehnlich
miteins	auf einmal: *Miteins war er da.*
Modder	Matsch
Molkenziemer	Schmetterling, Kohlweißling
molsch	„molsch" für: faules Obst; aber auch: „molschen" für: faulenzen auf dem Sofa
Mostrich	Senf: *Kennst die Formel für Mostrich? M-O-Strich!*
mucksch	störrisch, beleidigt
mucksen	aufbegehren
Muff	Handwärmer, meist aus Pelz
Mummeln	gelbe Seerosen
munklig	leicht riechen, muffeln (bei Essen), auch feucht, kalter Geruch
Murks, murksen	schlechte Arbeit
Muschel-Muschel	verwaschene Farben, Durcheinander
Muschgebad, Muschgebod	Streuzucker (fein auch Farin)
Musköpfe	von langsamer Denkungsart
Mutzkopp	leichte Ohrfeige – probate Erziehungsmaßnahme unserer Mutter

N

Nachschrabsel	letztgeborenes Kind, Nachkömmling
nachzageln	hinterhertrotteln
Nahber	Nachbar
nahbern	schwatzen, hinterherreden
niedlich machen	sich zieren
niep	sehr genau
Nieselpriem	Langweiler
nippen, einnippen	kurz überschlafen
nuckeln	saugen (an der Flasche)
Nuschelei	langsame, unordentliche Arbeit; unverständliche Aussprache
Nuscheljere	Journalist, Journalistin
nuscheln, benuscheln, herumnuscheln	beschmutzen; sich betrinken; sehr langsam arbeiten
nuschlig	schmutzig, unordentlich unbestimmte Farbe
nuscht	nichts
nuscht nich	nein, ganz bestimmt nicht
Nuschtchen	s. u. Vertellen

O

Oadebar	Adebar, Weißstorch
Oap	Affe (Schimpfwort)
oberwärts	im westlichen Deutschland von Ostpreußen aus gesehen
obsternatsch	widerspenstig
ogoll, ogoll ojeh, ojeh	oh Schreck!
Ohl	Dachschräge
Ohrbetongs, Ohrbommel	Ohrringe
ojahnen	gähnen

Okel	Ecken und Winkel auf dem Dachboden
oppendopsch	rebellisch; etwas beschränkter Mensch, leicht beleidigt; untersetzte Person, die sich zu wichtig nimmt
Öpperschte	Oberste, Chef, Leiter, Bezeichnung für jemanden, der etwas darstellt, der Kompetenz hat oder mindestens ausstrahlt: *Das konnt' man gleich sehen, das war die Öpperschte im ganzen Haus.*

P

Pachaudel, Pacheidel	kleines Gepäck, Beutel
Pachulke	Knecht
Pamel	altes Brötchen
pameln	mühsam kauen
Pampuschen	warme Hausschuhe
pannebratsch	plump vertraulich. Für mich untrennbar auch mit der ostpreußischen Mentalität verbunden. Man erzählt sich unendlich viele Vertellkens über diese typisch ostpreußische Eigenheit. Für dieses Wort kennt man meines Wissens keine gesicherte Herkunft. Richtig breit ausgesprochen gibt es aber keine bessere Typisierung: *Na, wo kommen Sie denn her? Hier in diesem Park hab ich noch nuscht nichts von Ihnen gesehen. Sind Se verheiratet? Nei, Erbarmung, dann haben Se wohl auch keine Kin-*

	derchens nich. Na, macht nuscht, kann ja noch werden. Mit Abstand mein liebster Begriff aus der alten Heimat.
pardautz	beim Hinfallen: „ei pardautz“
Paretzken	verächtlich für: abgetretene Schuhe
Parezke	abgeschnittener Strumpffußling
partu, partout	(mit Nachdruck), *er will partu verschwinden*
paschen	Karten mischen
Paslack	gutmütiger Mensch, den alle ausnutzen: *Bin ich euer Paslack?*
paslacken	hinterherräumen, dienen, ausgenutzt werden
Patscheimer	Wassereimer
Patschhand	Hand eines Kleinkindes
Paude	Beutel, Hutschachtel
peäzen	plagen
Peede	Schultertrage für Wassereimer
peesen	schnell laufen
Penter	Rohrstock in der Schule
perschen	sich hervortun, brüsten
perzen	zur Arbeit antreiben: *Nu perz man nich' so. Ich werd all pünktlich fertig.*
pesern	frische Tannenzweige über Kerzen zündeln. Beliebte, wenn auch gefährliche, Tätigkeit, um in der Weihnachtszeit für den typischen Weihnachtsgeruch zu sorgen.
petrich	unbeholfen sein
piesacken	quälen
Piesekatz	zärtlich für: kleine Katze
pingsern	ausprobieren
pinschig	(Obst) schrumplig
pinslig	übersorgsam

Pisch, pischern	Urin, urinieren
Pischer	unbedeutender, kleiner Gewerbetreibender
Pischkachel	Hosennässer(in)
pischrig	über einen kleinen Wasserstrahl, auch bei Knaben: *Alles was ich sah war man e' pischriger Strahl.*
plachandern	erzählen, plaudern: *Plachandern* setzte eine größere Gesprächsrunde voraus und war auch meistens mit kleinen Tätigkeiten der *Plachanderrunde* verbunden.
Plachaudel, Pacheidel, Pungel	Päckchen, Bündel
pladdern	stark regnen
Plagge	Flecken
Plaster, Pruddel	Haut auf gekochter Milch
Plauksch-Pardautz	urplötzlich
Plautz	Magen, Lunge: *Sich die Plautze vollschlagen.*
Plempe, Plörre	dünner Kaffee oder Tee
Plieren	Tränen
plierig	mit Tränen gefüllt (Augen), tränenüberströmt
pliesern, zerpliesern	zerreißen, zerpflücken
plietsch	tückisch-klug
plinkern	mit den Augen zwinkern
plinsen	weinen
Plon	Erntezeit, Erntekranz
Plossen	Kleider
Plume	Pflaume
Plurksch	dünner Kaffee, Suppe. Ein vernichtendes Urteil: *Erbarmung, der Kaffee war v'leicht 'ne Plurksch.*
plustrig	aufgeblasen, auch: locker, z. B. bei Teig

Pochel	kleines Schwein
podolsch	ungeschickt
Pogge	Frosch
Poggenritzer	Zigarrenabschneider; auch: stumpfes Messer
Pogiften	bis in die Puppen: *Zahlen bis Pogiften*, bis in alle Ewigkeit
Pojatz	eitler Geck
polken	rumwühlen, durchstechen
pomale	phlegmatisch, pomadig
Pomuschelskopp	Schimpfwort: Fischkopf (Dorsch)
poren	ausharren
porren	zur Arbeit drängeln
Posauk	geringschätzig für: niederes Volk
Posen	Federbetten: *rin nu die Posen*
Pracher	Bettler
prachern	betteln
pranzeln	unaufhörlich um etwas bitten
Präzenter	Dorfschullehrer
premsen	mit Gewalt hineinstopfen
Prepel	Babyscholle mit Butter
prepeln	still vor sich hinfuttern
preppsch	trotzig, mürrisch, sich nicht am Gespräch beteiligen
Prickel	eingebildeter Mensch (Schimpfwort); auch für Zahnstocher und Lockenwickler
prickeln	ungeschickt hantieren
Prieslauch	Schnittlauch
Prömmel	dicker Bursche
proschen	um etwas dringend bitten
prudeln	nähen, schwierige Arbeit verrichten
pulen	mit den Fingern z. B. an einer Wunde „pulen“: *Nu pul nich alle Rosinen aus dem Kuchen.*

Pungel	Bündel
Purra	Pferdchen
Purzel	Schmalzgebäck, aber auch liebevoll für: Kleinkind
puschei'che machen, puscheien	liebevoll trösten
Puschel	jemand, der niedere Arbeit verrichtet
pusseln, rumpusseln	herumwerkeln, bedächtig arbeiten
Putthehneke	Hühnchen
puuschig	sehr weich (z. B. für Fell)

Q

quabblig	sich feucht und glatt anfühlend, wie Quallen
quanzweis	so nebenbei
quarren, gnarren	leise vor sich hin weinen (Kind)
Quartierchen	Viertelliter Korn
quasen	vergeuden
quasseln	oberflächlich reden
quiddern, gniddern	hell lachen
quiemen	schlecht gedeihen, kümmerlich aussehen; auch: sich quälen

R

Rabauke	ungehobelter, streitsüchtiger Junge (Flegel)
Rachachel	langes, ungelenkes Mädchen
Rachull, rachullrig	habgieriger Mensch, habgierig
raggen	sauber halten, schuften
rappeln	sich anstrengen, zusammen-reißen
Raps haben	einen Tick haben

raren	laut schreien
rausmustern	sich gut entwickeln
rauspulen	(z. B. Rosinen aus Kuchen – s.: pulen)
Rawaage	großer Aufwand, Umstand: *So'ne Rawaage wird jetzt nich mehr gemacht. Hände gewaschen, Zähne geputzt und dann marsch ins Bett.*
rebbeln	Maschen aufziehen, „Rebbelmaschen"; aber auch: sehr schnell lesen oder erzählen
Reester	Schuhflicken
Reißdeiwel	lebhaftes Kind, das seine Kleidung ständig kaputt macht
Reißmandichtig	Rheuma
Rippentriller	Stoß in die Seite, Anrempeln
Rotzkodder	deftiger Ausdruck für: Taschentuch
Rubbelbrett	Waschbrett
rumbiestern	herumirren, verirren
rumbringen	jemanden ins Gerede bringen
rumdammeln	rumalbern, nichts Gescheites tun
rumdrawalken	dauernd unterwegs sein
rumgansen	ausgiebig gähnen
rumkarjohlen, rumkarjucheln	herumtreiben, dauernd unterwegs sein
rumkrängeln	sich rumdrücken
rumkrutzen	kränkeln
Rumpelkasten	Näh-, Flick- oder Werkzeugkasten (unaufgeräumt)
rumranzen	allgemein und andauernd schimpfen
rumschettern	herumflitzen
rumspenkern	Geld vergeuden
Runk	Stützbalken einer Leiter
Ruscheldups	lebhaftes, unruhiges Mädchen, das nicht still sitzt

Ruschelinchen Mädchen mit zerzausten Haaren; aber auch: Mädchen, das einen gehörig aus der Fassung bringt

ruscheln rascheln

Ruschewill unruhiger Geist

S

sacht langsam

Saurampf Sauerampfer

Schabbelbohnen Schnibbelbohnen, Wachsbohnen. Durch „Schabbelbohnen“, die Sammlung von Gedichten in ostpreußischer Mundart von Dr. Alfred Lau, erstmals erschienen im April 1926, unsterblich geworden.

schabbern erzählen, viel sprechen

Schäckert Jackett

Schacktarp Zeit der Schnee- und Eisschmelze im Memeldelta

schad fehlen: „schad dir was“ (= Gesundheit), „tut dir was weh“ *Du siehst so miesepetrich aus, schad dir was?*

Schaff Spind, kleiner Schrank

Schafzagel Dummkopf

Schäker Mensch, der sich einschmeichelt, mit Frauen herumschäkert

schäkern einschmeicheln, scherzen

Scharwerker Erntehelfer, ungelernter Landarbeiter

Schaschke einfacher Soldat

Schauer Schuppen

scheesen	schnell rennen: *Ich schees mal schnell um de Eck.*
Scheeske	Rockschoß des Gehrocks
scheiweln	ungelenk tanzen, auch steif gehen
Schempel	alter Mann
Scherbelei	Tanz „auf der Tenne“
scherbeln	tanzen
schettern, rumschettern	herumtreiben, im Wege stehen
schichern, schuchern	scheuchen, erschrecken, aufstöbern
Schiebewurst	ostpr. Spezialverfahren um Scheibenwurst zu sparen: die Wurst wird auf der Schnitte hin und her geschoben
Schiemannsgarn	Kautabak
Schiewe	Schüssel
schischeln	flüstern
Schischkes	Tannenzapfen. Bei hochsommerlichen Temperaturen duften die kleinen *Schischkes* herrlich und erinnern auch in der neuen Heimat an die unverwechselbaren Gerüche Ostpreußens.
schlabacksch	unbeholfen
Schlabberchen	Lätzchen für Kleinkinder
Schlacker	alter Wagen
schlackern	mit Kopf oder Beinen schlenkern, auch Betten oder Matten ausschütteln: *Hilfst mir beim Ausschlackern der Posen* (Federbetten)?
Schlackerwetter	nasskaltes Regen- und Schneewetter
Schleef	große Holzschöpfkelle, wurde auch für Züchtigungen verwendet

schliddern	rutschen auf dem Eis
Schlorren	Pantoffeln, auch aus Holz
Schlubberche	kleiner Schluck. Gehört zur typisch ostpreußischen *Nötigung: E' kleines Schlubberche aufn Weg wird doch wohl noch reingehen.*
Schluckerfass	Behälter für den Sensenschärfstein
Schlumske	schmeichelnd für: kleines Kind
Schlunz	Roggenmehlsuppe
schlunzig	nachlässig, unordentlich
Schlusohr	Schlafmütze; auch für: unordentlicher, vergesslicher Mensch
Schmackostern	Ostermontag
Schmadder	Matsch; auch für zu dünn geratenen Pudding oder Schlagsahne: *Geh nich gleich wieder mit de Sonntagskleidasche in'en Schmadder.*
Schmalzbirnen	sehr saftige grüne Birnen
Schmand	Sahne
Schmandbixen	abfällig für: weiße, lange Herrenstrandhose
Schmandlecker	Milchkontrolleur
Schmeißweg	Straßenhändler, billiger Jakob
Schmelekserchen	Schmeckprobe
schmengern	naschen
schmirgeln, schmurgeln	schmoren, braten (meistens verbunden mit herrlichen Gerüchen aus der Küche)
Schmisser	Liebhaber, Schatz; auch: heimlicher Verlobter
Schniefke	Schnupftabak
Schnodder	Nasenschleim
Schnodderkopp	frecher, vorlauter Mensch
schnoddrig	flapsig

schnurgeln	Nase hochziehen
Schomur	alter Kram
schorren	auf dem Eis rutschen
Schossel, Schussel	vergesslicher Mensch
schrabben	Karotten putzen
schrageln	nachlässig gehen
Schrumm	Tanzvergnügen
schubbern	frösteln: *Ei, mich schubbert, ich denk' ich werd' all krank.*
schubbrig	frostig
Schubiak	Schuft
Schubrine	Haarsträne
Schudelchen	Ansprache für einen Hund, dessen Namen man nicht weiß
Schumm	Trunkenheit: im Schumm sein
Schummerstund	Dämmerstunde
schummrig	dämmrig
schurgeln	rutschen, scheuern
Schürz ohne Fupp	Schürze ohne Tasche; „das Wichtigste fehlt": *E' Gnoss ohne Brusch' am Dassel, is wie e' Schürz ohne Fupp.*
schuschen	schlafen
schusslig	unbeholfen, unkonzentriert, leicht verwirrt
Schuwe	Schublade
schwaddern	stark regnen; auch: Wasser überschütten
schwauksen	planschen, überschütten
Schweinevesper	kleine Mahlzeit zwischen Kaffee und Abendessen
schwuchten, herumschwuchten	liederlich leben
Schwuchtjee	liederlicher Mensch
schwummerig	schwindlig
Seeger	Uhr, Taschenuhr
Seelenwärmer	Alkohol als „Medizin"
seiern, rumseiern	herumjammern

Senge	Abreibung, Prügel
Siebenzagel	Züchtigungspeitsche mit sieben Lederriemen
Singbeutel	liederlicher Mensch
socken	schnell laufen, ausreißen
Spacheister	junger Mensch, der nach ostpr. Vorstellung zu dünn ist
spacheistrig	sehr dünn
Spendierbixen anhaben	freigiebig sein (z. B. für jemanden, der eine Runde im Lokal spendiert): *Ich konnt nich früher zuhause sein. Der Kardel hat Geburtstag und nach der Gesangsstund hatte er de Spendierbixen an und eine Runde nach der anderen geschmissen.*
spenkern	leichtsinnig sein: *mit Geld spenkern;* auch: verjagen: *aus dem Haus spenkern*
Spickfuß	Fußtritt
spiddrig	dünn, zart
Spillen	kleine, gelbe und runde Pflaumen
Spillkuks, Spirkuks	Ulknudel; auch für: lebhaftes, aufgewecktes Kind
Spirkel	Pickel auf den Lippen; auch: kleine geröstete Bauchfleischstückchen, unpaniert
Spocht, Specht	dürrer Mensch
Sternicksel	Schlag ins Genick
Stiem	Schneegestöber
stiemen	stark schneien
stiepsen	stupsen, anstoßen
Stillfreitag	Karfreitag
Stippel	Gefäß zum Wasserschöpfen
Streemel	Streifen: *Schneid mir mal 'nen Streemel von dem leckeren Streuselkuchen ab.*

striezen	wegnehmen; tyrannisieren
strullen	Wasser lassen
Stubbekopp	jemand, der schwer von Begriff ist, Holzkopf (Stubben)
Stubs	Stoß
Stuchlinski	Stichling (Fischart)
stuken	ducken, stampfen
stukern	rütteln
Stundenlutscher	Lutschstange
stupsen	stoßen
Sturgel	Stampfer zum Kartoffelwaschen, auch zum Durchweichen der Wäsche
suckeln	am Stundenlutscher lutschen

T

tachteln	verprügeln, „Mutzkopp" verabreichen
Takelzeug	Schimpfwort für Gesindel
Tändelschürze	weiße, kleine Schürze zum Bedienen von „hohem" Besuch, mit zwei Taschen für die Hände zum „Tändeln" und um die Befangenheit zu überspielen
tibbern	anstoßen
Tonbank	Ladentisch
tratschen	klatschen: *Tratschbase*
trautst	allerliebst
Trautsterchen	Allerliebste (Kosename)
trecken	strammziehen
triezen	zur Arbeit antreiben
Trittoar	Bürgersteig
trogschnauzig	frech
Tröster	Lehrers Rohrstock
Trunschbock	Kaninchenbock (auch als Schimpfwort)

trunschig	altmodisch, altjüngferlich
Truschke	kleines Kaninchen
Tuntel	rötliche, größere Nase

U

überkandidelt	übergeschnappt
überschwauksen	verschütten, verplempern
überwendlich	Naht versäubern; auch: ältlich: „überwendliches" Mädchen
Uhl	Eule
Uhlenflucht	Dämmerstunde
Ulepingste	vor langer Zeit
unegalsche Finger	ungeschickte Finger

V

Vengtiner	Landstreicher, Strolch
veraasen	etwas vergeuden; auch: Kleidung nicht besonders schonen
verbiestert	irritiert, verirrt
verbumfiedelt	verlegt, verloren
Verdrusskasten	Buckel
vergrätzt	verärgert
verhubbert	kälteempfindlich
verkaisern	Geld oder auch Gegenstände verjubeln
verklemmt	vor Kälte erstarrt
verknusen	leiden mögen, ertragen: *Ich kann ihm nich' verknusen.*
verkruschelt	zerzaust (Haare)
verloddern	verwahrlosen
vermurksen	beschädigen: *Vermurks mir nich die frische Frisur.*
verpimpeln	verwöhnen; zu warm anziehen
verpirren	verhindern

verplempern	verschütten, vergießen; auch: vergeuden
verratzt	verraten und verkauft: *Wenn der mich erwischt dann bin ich aber verratzt.*
verruscheln	mutwillig zerzausen (Haare)
verscheiweln	Absätze schief abtreten
verschwaddern	vergießen
verspaakt	undicht: *Er rennt wie ein verspaakter Eimer;* auch für eine heisere, ausgetrocknete Kehle
Vertellchens, Vertellkens	kleine Geschichten: Erzählungen von Originalen, Käuzen und von den Eigenheiten unserer Landsleute. Es gibt unendlich viele liebevolle Bezeichnungen. Hier nur einige: *Dammeleien, Dammlichkeiten, Dönekes, Nuschtkes, Wippchen, Zattkes.*
Vijelin	Violine, Geige
Vijohlchens	Veilchen

W

Wabbel	kleiner Käfer
weimern	jammern
weißnasig, weißschiepsig	blass, ungesund aussehend
Wippzagel	Bachstelze
wischig	zerstreut
Wischkodder	Scheuerlappen
Wischkoll	Wickel, Schlawittchen
Wiste	Leibchen zum Befestigen der kratzenden Strickstrümpfe im Winter
Wittkopp	Weißkopf, Kröger, Wirt

Wruken, Bruken	Steckrüben. In der Nachkriegszeit überlebenswichtiges Nahrungsmittel. Legendär sind die Rezepte unserer Mütter und Großmütter aus dieser Zeit, um uns das ehemalige „Viehfutter“ schmackhaft zu machen.
Wuhne	Loch in der Eisdecke zum Fischefangen
wuien	stöhnen
wurrachen	hart arbeiten
Wuschen	Hausschuhe
wutschen, rüberwutschen	schnell zu jemandem hinüberlaufen

Z

Zachlinder	Zylinder
Zagel	Schwanz: „Schweinezagel“
zaglig	von ungleicher Länge (bei Gardinen oder beim Rocksaum)
Zampel	verächtlich für: alte Frau
Zatzkes	Dummheiten
zergen	herausfordernd streiten
zerkoddert	zerlumpt
zerkuwern	sich erholen
zerpliesern	Papier, Zeitung zerkleinern
zerrebbeln	auseinandernehmen; auch: zu viel Arbeit auf einmal bewältigen müssen: *Ich kann mich doch nicht für euch noch ganz zerebbeln.*
Zerruchel	ungekämmtes Mädchen
Zich	Kissenbezug: in der „Flickerzich“ wurden alte Stoffreste aufbewahrt
ziehdraht	eilig

Zigansche	Zigeunerin
Zippel	Zwiebel
Zippelkruschke	Zipfelmütze
Zippeltuch	Dreieckstuch
Zislaweng	mit Pfiff, aus dem Handgelenk: *Das bissche Arbeit mach ich doch aus der Zislaweng.*
Zodderkopp	unordentliches Mädchen
Zoddern	ausgefranste Kleidung; auch: ungepflegte Haare
zoddrig	ungepflegt (Haar)
zuckeln	hinterherbummeln
Zudeck	Bettdecke, Oberbett
Zunder geben	beschimpfen, einheizen
zu Maß kommen	noch rechtzeitig kommen
zu'ne Tasche	geschlossene Tasche
zurückdummen	alles vergessen, was man gelernt hat
zurückzoppen	zurückschrecken, zur Vorsicht anhalten
zuschustern	beisteuern, zukommen lassen
Zwerge	kleine, runde Quarkkäschen mit Kümmel in Bratklopsform (Glumsekäschen), drei Stück für ein Dittchen
zwingen	schaffen, bewältigen: *Beim besten Willen ich bin satt, ich zwing einfach nich mehr.* Mit diesem letzten ostpreußischen Ausdruck will ich diese kleine Auswahl beenden, sonst wird es zu viel und meine Leser *zwingen* nich mehr.

Zum Schluss hier noch ein paar typisch ostpreußische „Berufsbezeichnungen“:

Ladenschwengel	der Verkäufer
Hutzelbäcker, Pillendreher	der Apotheker
Kringelarchitekt	der Bäcker
Stoppelhopser	der Schüler
Krutbock	der Gärtner einer Landwirtschaftsschule
Kattunreißer	der Manufakturwarenhändler
Heringsbändiger, Kuhschwanzastronom	der Tierarzt
Tütchendreher	der Kolonialwarenhändler
Hobelhengst, Holzwurm	der Tischler

7. Ausklang

Beenden möchte ich dieses Buch mit einer bemerkenswerten Feststellung Andreas Kosserts, die er am Ende seines Buches „Ostpreußen". Geschichte und Mythos" trifft. Das Buch ist 2005 im Siedler Verlag, München, erschienen und hat mich mit seinen historischen Aussagen ungemein beeindruckt. Ich zitiere wörtlich:

> *Wenn sich Kinder und Enkelkinder auf den Weg machen, die Geburtsorte ihrer Eltern und Großeltern und damit die Wurzeln ihrer Familien kennen zu lernen, kehren mit diesen Familiengeschichten längst vergessen geglaubte Landschaften ins Gedächtnis zurück. Wieder richtet sich der Blick nach Osten, diesmal aber nicht, wie die Publizistin Helga Hirsch bemerkt, auf Räume einer neuen Begierde, sondern auf* ***Räume der Erinnerung****.*
>
> *Ob litauisches* ***Mazoji Lietuva****, russische* ***Kaliningrader Oblast****, polnisches* ***Warmia Mazuri*** *oder deutsches* ***Ostpreußen*** *– alle diese Bezeichnungen meinen aus unterschiedlichen Blickwinkeln dasselbe: die großartige Landschaft Preußen zwischen Weichsel und Memel, die nur in ihrer historischen Einheit lebendig wird. Kant, der größte Königsberger, hat es auf den Punkt gebracht, als er in seinem Werk* ***Vom ewigen Frieden*** *ein Weltbürgerrecht forderte, wonach* ***„ursprünglich aber niemand an einem Orte der Erde zu sein mehr Recht hat als der andere"****.*

Inhaltsverzeichnis

Vorwort 5

1. Ostpreußischer Humor
und ein paar Vertellkens 7

2. Ostpreußische Redensarten
vornehmlich aus meinem Zuhause,
der Gerhardstraße 2 in Königsberg 18

3. Ostpreußische Gerichte
aus dem Umfeld unserer Familie 24

4. Ostpreußische Familiennamen 39

5. Ostpreußische Ortsnamen 41

6. Das ostpreußische Wörterbuch
und wie es zu dieser Sammlung gekommen ist 45
Vokabeln und Beispielsätze 49

7. Ausklang 90

Ostpreußen im Husum TASCHENBUCH

Anekdoten aus Ostpreußen
Hrsg. von Gerhard Eckert · 5. Aufl., 93 Seiten, broschiert

Weihnachtsgeschichten aus Ostpreußen
17. Aufl., 141 Seiten, broschiert

Annemarie in der Au,
Das Jesuskind in Ostpreußen
Eine heitere Legende · 2. Aufl., 62 Seiten, broschiert

Grete Fischer,
Licht von fernen Küsten
Ostpreußische Erzählungen · 94 Seiten, broschiert

Eva Reimann,
Zu Hause im weiten Land Ostpreußen
Erzählungen von gestern und heute
146 Seiten, zahlreiche Abbildungen, broschiert

Günther H. Ruddies,
Erbarmsterchen – Ostpreußen in Germany
Alte – neue Heimat in heiteren Briefen, mit einem kleinen Sprachführer ins 3. Jahrtausend, ostpreußisch – hochdeutsch – englisch
124 Seiten, broschiert

Günther H. Ruddies,
Wie es weiter lebt und lacht: Ostpreußen
Neue Humorgeschichten · 104 Seiten, broschiert

Eva M. Sirowatka,
Die Kraniche kehren wieder
Ein Ostpreußenroman · 2. Auflage, 108 Seiten, broschiert

Regionalia im HUSUM TASCHEN BUCH

Anekdoten aus Bayern · aus Berlin · aus Brandenburg · aus Hessen · aus Mecklenburg-Vorpommern · aus Ostpreußen · aus Pommern · aus Sachsen · aus Sachsen-Anhalt · aus Schlesien · aus Schleswig-Holstein 1 · aus Schleswig-Holstein 2 · aus Thüringen – **Entdecken und erleben (Reiseführer):** Mecklenburg-Vorpommerns Kunst · Niedersachsens Kunst · Niedersachsens Literatur · Ostpreußens Literatur · Schleswig-Holsteins Kunst · Schleswig-Holsteins Literatur – **Im Gedicht:** Berlin · Niedersachsen · Nordrhein-Westfalen · Schlesien · Schleswig-Holstein – **Humor** aus Schlesien – **Kinder- und Jugendspiele** aus Schleswig-Holstein 1 · aus Schleswig-Holstein 3 · aus Westfalen – **Kindheitserinnerungen** aus Berlin · aus Hamburg · aus Köln · vom Niederrhein · aus Ostpreußen · aus Pommern · aus Westfalen – **Komponisten** aus Schleswig-Holstein – **Krippengeschichten** aus Deutschland – **Legenden** aus Westfalen – **Märchen** aus Mecklenburg · aus Niedersachsen · aus Schleswig-Holstein · aus Westfalen – **Redensarten** aus Hessen – **Aus dem Sagenschatz** der Franken · der Hessen · der Niedersachsen und Westfalen · der Österreicher · der Schleswig-Holsteiner und Mecklenburger · der Schwaben · der Thüringer – **Sagen** aus Baden-Württemberg · aus Franken · aus Mecklenburg · aus Schleswig-Holstein · aus Südtirol · aus Westfalen – **Schulerinnerungen** aus Franken · aus Hamburg · aus Mecklenburg · aus Niedersachsen · aus Ostpreußen · aus Schleswig-Holstein – **Schwänke** aus Bayern · aus Schleswig-Holstein · aus Schwaben · aus Westfalen – **Sprichwörter** aus Hessen – **Sprichwörter und Redensarten** aus Mecklenburg · aus Schleswig-Holstein – **Plattdeutsche Sprichwörter** aus Niedersachsen – **Weihnachtsgeschichten** aus Baden · aus Bayern · aus Berlin · aus Brandenburg · aus Franken · aus Hamburg · aus Hessen · aus Köln · aus Mecklenburg · aus München · vom Niederrhein · aus Niedersachsen · aus Ostpreußen · aus Pommern · aus dem Rheinland und der Pfalz · aus Sachsen · aus Sachsen-Anhalt · aus Schlesien · aus Schleswig-Holstein · aus Schwaben · aus Thüringen · aus Westfalen · aus Württemberg – **Weihnachtsmärchen und Weihnachtssagen** aus Baden · aus Schleswig-Holstein – **Witze** aus Hamburg aus Pommern · aus Sachsen · aus Schleswig-Holstein